XIAO XIAO

NOTIZEN 2
ZU UECKER

Xiao Xiao

Günther Ueckers künstlerische Handlungen
Eine interkulturelle Untersuchung anhand der daoistischen Begriffe *wuwei*, *ganying* und *ziran*

Mit Fotografien von Lothar Wolleh und
einem Beitrag von Antoon Melissen

Günther Uecker's Artistic Actions
An Intercultural Analysis with the Daoist Terms *wuwei*, *ganying*, and *ziran*

With photos by Lothar Wolleh and
an essay by Antoon Melissen

gui

Deutscher
Kunstverlag

Inhalt | Contents

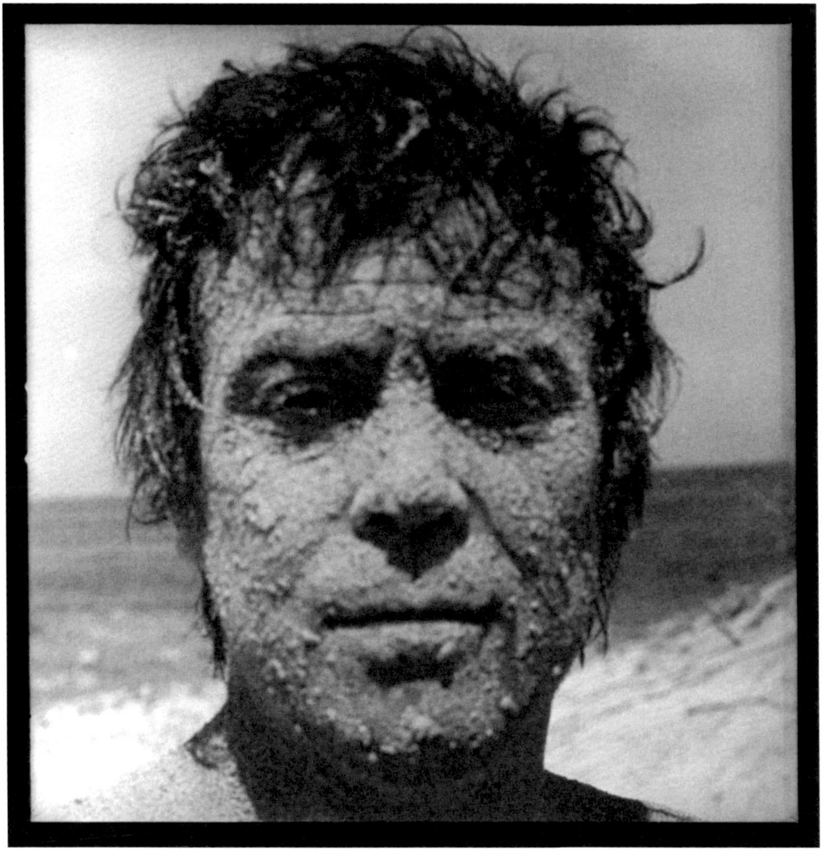

Bildnachweise | Image Credits

Alle Fotografien | all photographs Lothar Wolleh

6: Porträt von | portrait of Günther Uecker
Mittelmeer | Mediterranean, 1970

8: Atelier von | studio of Günther Uecker
Düsseldorf, Deutschland | Germany, 1965

14: Günther Uecker in seinem Atelier |
in his studio
Düsseldorf, Deutschland | Germany, 1966

21: Günther Uecker
Sandmensch (Sand Man)
Mittelmeer | Mediterranean, 1970

33: Günther Uecker
Beschießung des Meeres mit Feuerpfeilen
(Shooting at the Sea with Flaming Arrows)
Mittelmeer | Mediterranean, 1970

34/35: Günther Uecker
Äquatorlinie (Equator Line)
Amazonas-Mündung, Brasilien | Amazon River Estuary, Brazil, 1971

36: Günther Uecker
Feueraktion (Fire Action)
Mittelmeer | Mediterranean, 1970

47: Porträt von | portrait of Günther Uecker
in seinem Atelier | in his studio
Mit | with *Spirale (Spiral)* (1969)
Düsseldorf, Deutschland | Germany, 1970

48: Ausstellungsansicht | Exhibition view
Zachęta Centralne Biuro Wystaw Artystycznych (Zentralbüro für Kunstausstellungen | Zachęta Central Bureau of Art Exhibitions)
Mit | with *Kubuskubus (Cube Cube)* (1967)
und | and *Nagelkubus (Nail Cube)* (1967)
Warschau, Polen | Warsaw, Poland, 1971

49: Ausstellungsansicht während der Biennale von São Paulo | Exhibition view during the São Paulo Biennial
Mit | with *Sandmühle (Sandmill)* (1970)
Brasilien | Brazil, 1971

60/61: Günther Uecker
Nagelfeldzug (Nail Campaign)
Eifel, Deutschland | Germany, 1969

72/73: Günther Uecker
Pfeilschießen (Arrow Shooting)
an unterschiedlichen Orten | various locations (1960–1972)
Ort unbekannt | unknown location, n. d.

74: Porträt von | portrait of Günther Uecker
nach seiner | after his Aktion *Weißer Wald (White Forest)*
Bei | near Bern, Schweiz | Switzerland, 1966

82: Gruppenbild mit Günther Uecker und Lothar Wolleh unter Grubenarbeitern |
Group portrait of Günther Uecker and Lothar Wolleh with coal miners
Ruhrgebiet | Ruhr area, ca. 1975

89: Günther Uecker
Schwarzraum-Weißraum
(Black Space—White Space) (1972/1975)
Museum Folkwang Essen, Deutschland |
Germany, 1975

93: Porträt von Günther Uecker während seiner Ausstellung auf der Biennale von São Paulo | Portrait of Günther Uecker during his exhibition at the São Paulo Biennial
Brasilien | Brazil, 1971

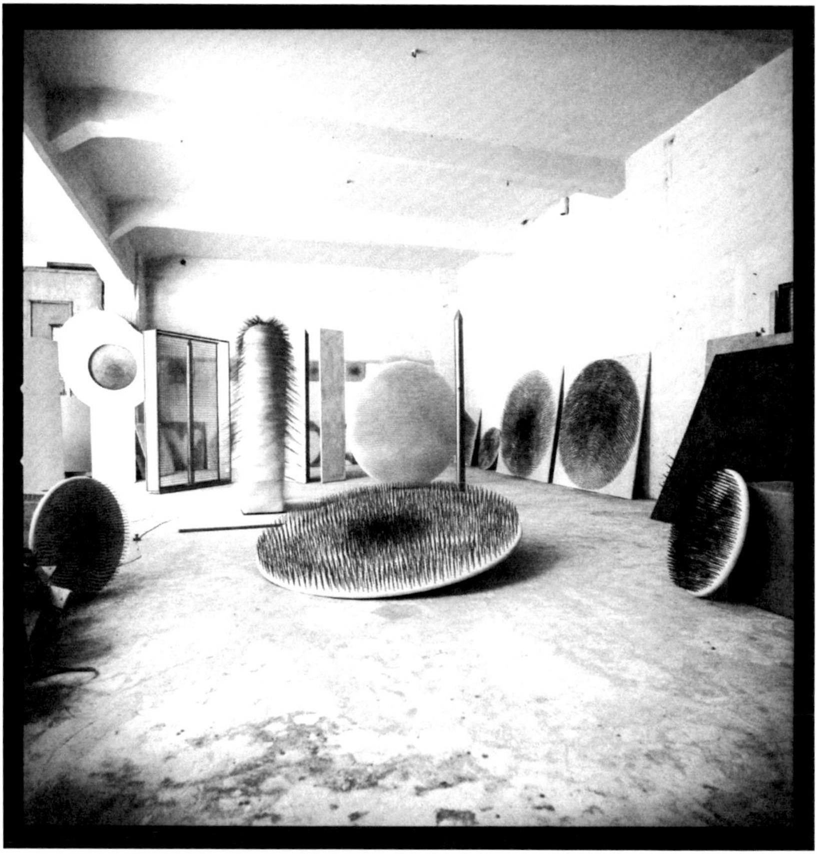

Katharina Neuburger

Einführung

Nahezu 70 Jahre sind seit jenen Werkwerdungen vergangen, mit denen Günther Uecker – damals noch Student an der Kunstakademie Düsseldorf – mit ersten *Nagelbildern, Fingermalereien, Dreckbildern* und *Strukturbildern* die ‚künstlerische Handlung' auf eine Weise in seine Malerei überführte, dass eine Trennung derselben von der Aktion, von den Vorgängen ihrer Fixierung auf Bildträgern und in Installationen oder auch von dem Günther Uecker seither eigenen performativen Flux in der Betrachtung nicht mehr denkbar war. Uecker selbst hat seine Ablehnung der „Illusionen, die auf Malereien erschienen", und seine Hinwendung zur „Wirklichkeit des Handelns und des Betrachtens" mehrfach betont.[1] In der Kunstgeschichte wird sein Werk so nicht ganz überraschend in die Bewegungen im Nachkriegsdeutschland eingebettet gelesen, die ebenfalls der Aktionskunst zugewandt waren: Die hier nur angedeutete Entwicklung in seiner Arbeit wurde immer auch in Verbindung zu und als Haltung gegenüber der Gruppe ZERO rezipiert, mit der Uecker seit der Ausstellung *Das rote Bild* (1958) kooperierte und zu der er zwischen 1961 und 1966 fest zählte.

Andererseits: Die materiellen und prozessualen Bezugnahmen zur Neo-Avantgarde wurden lange nicht als Teil internationaler Bewegungen, einer frühen Global-Art-Entwicklung wahrgenommen. Günther Ueckers Reisen weit über kontinentale Grenzen hinaus und die Beschäftigung mit nicht-westlichen Kunstbewegungen und Kulturen sowie mit theoretischen und literarischen Werken aus dem außereuropäischen Kontext, über ZERO hinaus, sind selten in Form interkultureller Untersuchungen

[1] Louisiana Museum of Modern Art in Humlebæk: *Günther Uecker Interview: Poetry Made with a Hammer*, 13.06.2017 [Videointerview, TC 03:57–04:58]; https://www.youtube.com/watch?v=MPH7XSsK3SY [01.03.2023].

zur Sprache gekommen; eine mögliche Antwort auf die Frage, inwiefern Uecker in seinem Werk Ansätze erarbeitet hat, die die Grenzen jener tief verfestigten eurozentristischen Lesart hinter sich lassen, die offen sind, sich auch noch im Betrachten und Rezipieren re-kontextualisieren und die nicht nur auf ihren unmittelbaren Kontext (des Her- und Ausstellens) bezogen werden müssen, ist weitgehend ausgeblieben.

Der hier vorliegende Band 2 der Schriftenreihe *Notizen zu Uecker* verbindet historische Lesart und Re-Kontextualisierbarkeit in Ueckers Ansatz zur ‚künstlerischen Handlung' und leistet einen Beitrag dazu, das Gesamtwerk in seiner medialen und kulturellen Offenheit, seinen ephemeren Qualitäten wahrzunehmen. Die Kunstwissenschaftlerin Xiao Xiao legt in ihrem Text den Fokus auf Parallelen zwischen dem Werk Ueckers und dem, was die aus dem ostasiatischen Raum stammenden daoistischen Begriffe *wuwei, ganying* und *ziran* philosophisch umfassen: ein bewusstes ‚Nicht-Eingreifen' in Prozesse, das Erhalten des ‚Von-selbst-so-Seins' natürlicher Materialien wie Sand und Stein, die Uecker immer wieder einsetzt, und schließlich die ‚korrelative Resonanz' zwischen diesen Materialien, dem Künstler beziehungsweise seinem Körper und den Betrachterinnen und Betrachtern.

Wichtige Erweiterung erfährt diese Publikation mit der Reproduktion fotografischer Werke Lothar Wollehs. Der begleitende Beitrag von Antoon Melissen verdeutlicht, wie seit den 1960er-Jahren Wolleh begann, systematisch vom Rheinland ausgehend Kunstschaffende fotografisch zu porträtieren und zu begleiten – auch Uecker. Die beiden Künstler gingen auch immer wieder gemeinsam auf Reisen: So war Wolleh da, als Uecker die Äquatorlinie markierte, das Meer mit Feuerpfeilen beschoss oder in Brasilien auf der Biennale von São Paulo Arbeiten zeigte. Die Fotografien sprechen in ihrer eigenen Sprache sowohl über das Werk Ueckers als auch über das Werk Wollehs Bände. Beide Künstler arbeiteten in einem vertrauensvollen Austausch in unterschiedlichen Rollen miteinander. Es entstanden einerseits Dokumentationen, die Einblick in die Aktionen Ueckers geben, die so sonst vielleicht ungesehen geblieben wären;

andererseits entwickelten beide Künstlerbücher;[2] Ephemeres wurde festgehalten und ging in eigenständige fotografische Werkserien ein. Der ganze Horizont an Möglichkeiten zeigt sich in *Schwarzraum-Weißraum* (1972/1975), einer Aktion Ueckers, die als solche für sich steht, aus der jedoch auch eine Reihe fotografischer und filmischer Dokumente sowie eine künstlerische Kooperation hervorging, die in Form zweier Werkkassetten mit übermalten und kommentierten Fotografien erhalten ist. Eine davon liegt in Günther Ueckers Archiv, die zweite in dem Lothar Wollehs.

Sowohl in der Betrachtung der Verbindung Uecker-Wolleh als auch in Xiao Xiaos Essay werden bisher wenig beachtete Aspekte von Ueckers unkonventioneller Herangehensweise in den Fokus genommen und weniger rezipierte, jedoch zentrale Einflüsse aufgezeigt. Uecker selbst betonte beispielsweise die Bedeutung des Unismus für seine Arbeit, vor allem bezüglich der Entstehung seiner *Strukturbilder* und insbesondere den Einfluss des Werks des polnischen Künstlers Władysław Strzemiński. Dieses wird von unserer Autorin ebenso beobachtet wie die ästhetische Nähe zur japanischen Gruppe Gutai – als weiterer wichtiger Bezugspunkt zu Ueckers Werk. Die avantgardistische Künstlergruppe, die seit Mitte der 1950er-Jahre von Japan aus agierend wie die Kunstschaffenden von ZERO das Spontane und Zufällige im Kunstschaffen betont, fand sich 1954 in der Osaka-Kōbe-Region auf Initiative des Künstlers Jirō Yoshihara zusammen und war bis 1972 aktiv. Im Gießen und Spritzen von Farbe, mit der Entstehung großformatiger Installationen im Freien, in der Verwendung von unkonventionellen Materialien wie Schlamm als Malmittel und elektrischem Licht als Körperhülle, in Kooperationen, die von der Aufforderung an Besucherinnen und Besucher bis hin zu interdisziplinären Ansätzen gemeinsam mit Protagonistinnen und Protagonisten aus den darstellenden Künsten reichten, war Gutai ebenso wie ZERO Teil einer Generation Kunstschaffender, die die Bedeutung der eigenen physischen Präsenz bei der Entstehung der Werke und die Beziehung zwischen der eigenen Person und den eigenen Werken mithilfe neuer Materialien und

[2] 1970/71 entstand der Band *Uecker* mit einem Text des Künstlers und Fotografien von Lothar Wolleh in der Edition *Artifex* mit einer Auflage von 530 Exemplaren.

Prozesse hervorhob. In seinem Manifest von 1956 hält Yoshihara fest, wie die „Kunst der Vergangenheit" ein Trugbild geworden sei. Er fordert zur radikalen Erweiterung der Malerei auf:

„Laßt uns Abschied nehmen von den angehäuften unechten Dingen auf den Altären, in den Palästen, den Salons und den Antiquitätenläden. Das ist Blendwerk, bei dem durch den Menschen auf betrügerische Weise die Materialien, wie z. B. Farben, Stofftücher, Metalle, Ton oder Marmor, mit falscher Bedeutsamkeit befrachtet wurden, so daß sie, anstatt nur ihr eigenes materielles Selbst darzustellen, ein fremdes Erscheinungsbild angenommen hatten."[3]

Nicht zufällig klingt im Gutai-Manifest eine auch in Ueckers Haltung eingeschriebene Kritik an der Malerei im klassischen Sinne wider.

Xiao Xiao macht in Bezug auf die zeitgeistige Nähe unterschiedlicher parallel auftauchender Gruppen und stilistischer Bewegungen einen Vorschlag, der auch über die nun weit gefassten Grenzen hinausgeht: Mit den von ihr methodisch eingesetzten philosophischen Konzepten, die in ihrer Bedeutung Vorstellungen eines Lebens im Einklang mit der Natur bis hin zum natürlichen Fluss der Dinge umfassen, führt sie ein Repertoire an ästhetischen Begriffen ins Feld, die sie als Wahrnehmungsmodi skizziert und jenseits von nationalen Eigenheiten als anwendbar argumentiert. Sie folgt dabei weniger Ueckers philosophischer Auseinandersetzung selbst als vielmehr der Materialität seiner Werke, in der sie den Ansatz erkennt, die Werke für jene Konzepte zu öffnen. In ihrer Analyse beschreibt sie, inwiefern die Ansätze Ueckers jenen des Daoismus verwandt sind und inwiefern Ueckers Herangehensweise bezüglich des Umgangs mit Materialien und seine Haltung im Machen und Handeln, das Zurücknehmen und Einsetzen des Körpers bei der Entstehung der Werke und die Pointierung im Zulassen von Veränderung werkimmanente Größen sind. Das *Wie* wird mit dem Werk beantwortet.

[3] Jirō Yoshihara: „Das Gutai-Manifest" (1956), in: Barbara Bertozzi/Klaus Wolbert (Hg.): *Gutai. Japanische Avantgarde 1954–1965*, Ausst.-Kat. Mathildenhöhe, Darmstadt 1991, S. 364–369, hier S. 364.

Die Konzepte, mit denen Xiao Xiao arbeitet, können natürlich die komplexe und nuancierte Tradition der daoistischen Philosophie nicht in ein fixiertes Instrument zum Verständnis eines künstlerischen Werks umfunktionieren und diesen Versuch unternimmt auch die Autorin nicht. Vielmehr lenkt sie den Blick in ihrer Argumentation darauf, dass die Perspektivverschiebung im Werk Ueckers, beginnend mit der Umbruchszeit in den 1960er-Jahren, neue Vorstellungen der Malerei in ihrem erweiterten Kontext zur Disposition stellt und einen Blick auf das Werk mithilfe unerwarteter Methoden freigibt, der zu einem differenzierteren Verständnis des Œuvres führt. Den *Nagelbildern*, *Fingermalereien*, *Dreckbildern* und *Strukturbildern* ist vom Künstler etwas eingeschrieben, so kann man ihren Vorschlag deuten, das ermöglicht, die Bedeutung des kulturellen und historischen Kontexts ihrer Entstehung weit hinter sich zu lassen.

Mein herzlicher Dank gilt Günther Uecker für seine Unterstützung bei der Entstehung der Schriftenreihe sowie seinem Sohn Jacob Uecker, der uns als Ansprechpartner immer zur Seite steht. Xiao Xiao und Antoon Melissen, den Autor*innen des vorliegenden Band 2, gilt mein herzlicher Dank für ihre Beiträge, in deren Konsequenz das Œuvre Günther Ueckers als eines fassbar wird, dem substanzielle Fragen eingeschrieben sind, die weit über mediale und kulturelle Grenzen hinausgehen. Mein herzlicher Dank geht ferner an Oliver Wolleh, der uns ermöglicht hat, die Fotografien, die sein Vater, Lothar Wolleh, im Kontext der intensiven Zusammenarbeit mit Günther Uecker gemacht hat, in diese Publikation mit aufzunehmen. Es konnte ein wunderbares Pas de deux entstehen. Dem Team des Günther Uecker Instituts, dem Deutschen Kunstverlag und allen an dieser Publikation Beteiligten danke ich von Herzen für die großartige Zusammenarbeit: Antonia Gradnitzer für die Koordination des Projektes, Pablo Schneider für die Begleitung der Publikationsprozesse, Christine Wölfle für das Lektorat, Everett Mason und Pierre Bouvier für die Übersetzungen und Johanna Neuburger für die Gestaltung des Buches als Teil der Schriftenreihe *Notizen zu Uecker*.

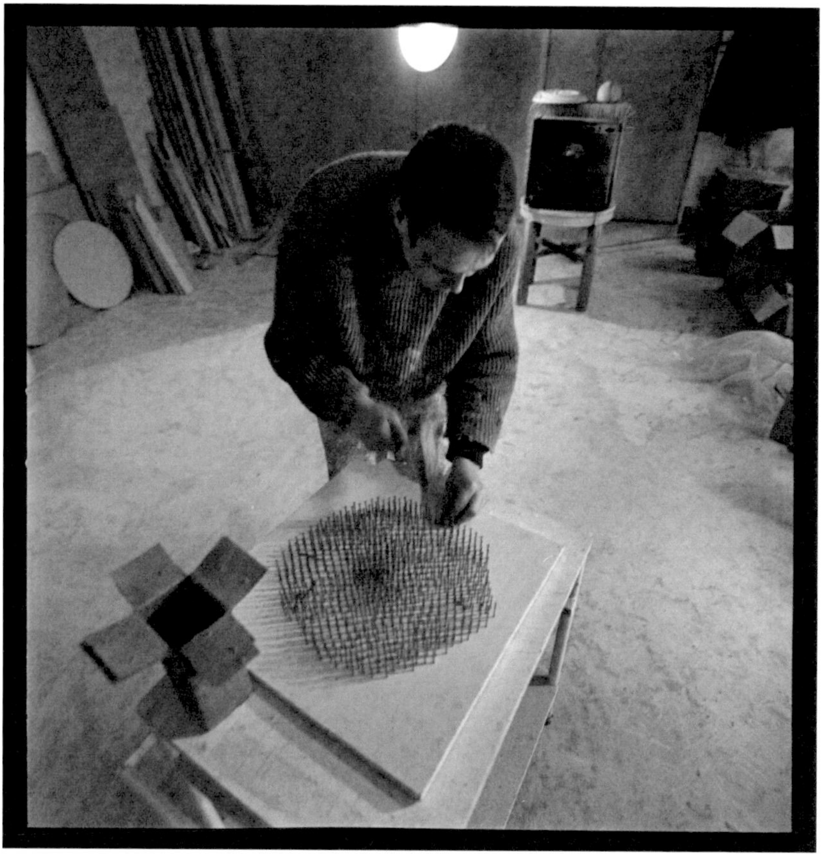

Katharina Neuburger

Introduction

Almost 70 years have passed since Günther Uecker, at the time still a student at the Kunstakademie Düsseldorf, transposed 'artistic action' so strikingly into his painting practice with his first *Nail Pictures, Finger Paintings, Dirt Pictures*, and *Structural Pictures* that a separation of it from such action, from the process of fixing these works onto image carriers and into installations, or even from the performative flux characteristic of Günther Uecker ever since, was no longer conceivable for those viewing the works. Uecker himself has repeatedly emphasized his rejection of the "illusions that appeared in paintings" and his turn to the "reality of action and observation."[1] In art history, it is thus not entirely surprisingly that his work is understood to be embedded in postwar German stylistic movements, some of which were also turning toward action-based art: The development, only hinted at here, which occurred in his work was always also understood in connection with and as an attitude toward the ZERO group, with which Uecker cooperated beginning with the 1958 exhibition *Das rote Bild* and of which he was a member in the years between 1961 and 1966.

On the other hand, his material- and process-based references to the neo-avant-garde went unrecognized for a long time as being part of international movements or of an early development in Global art. Uecker's wide-ranging, intercontinental travels and his engagements with non-Western cultures and art movements, with theoretical and literary works from non-European contexts, as well as with the ZERO movement at home, have rarely been addressed within the field of intercultural

[1] Louisiana Museum of Modern Art in Humlebæk: *Günther Uecker Interview: Poetry Made with a Hammer*, June 13, 2017, video, https://youtu.be/MPH7XSsK3SY, 03:57–04:58 [accessed March 1, 2023].

studies. Indeed, an investigation of the extent to which Uecker elaborated approaches in his work that went beyond the boundaries of a deeply entrenched Eurocentric reception, open-ended approaches that seem to recontextualize themselves even in the process of the resulting works' reception, and which are in no way exclusively related to their immediate context of display or creation, has never before been undertaken.

The present Volume 2 of the *Notizen zu Uecker* series connects these two poles in Uecker's approach to "artistic action" and assists in perceiving his oeuvre as a whole in all its medial and cultural open-endedness as well as its ephemeral qualities. In her text, art historian Xiao Xiao focuses on parallels between Uecker's work and that which the Daoist terms *wuwei*, *ganying*, and *ziran* encompass philosophically: a conscious 'non-intervention' into processes, the preservation of the 'being-thus' of natural materials like sand and stone, which Uecker has used again and again, and finally the 'correlative resonance' between these materials, the artist and his body, and the viewer.

This publication is significantly expanded by the reproduction of photographic works by Lothar Wolleh. The accompanying contribution by Antoon Melissen elucidates how, beginning in the 1960s, Wolleh began to systematically photograph and accompany artists from the Rhineland, including Uecker. He and Wolleh also traveled together on many occasions: Wolleh was there, for example, when Uecker marked the equator line, shot at the sea with burning arrows, or showed his work at the São Paulo Biennial. With their own special language, these photographs speak volumes about Uecker's work and Wolleh's own. The artists worked together in a trustful exchange in their different roles. On the one hand, Wolleh created documentary works that offer insights into Uecker's—sometimes otherwise unobserved—artistic actions; on the other hand, the pair created artist's books, with ephemeral works recorded and transposed into stand-alone photographic series. The entire horizon of possibilities is revealed in *Schwarzraum-Weißraum* (1972 / 1975), an action by Uecker that is a work of its own, but from which also emerged a series of photographic and filmic documents along with an artistic collaboration preserved in the form of two artist portfolios consisting of Wolleh's photographs painted onto and commented on by Uecker.[2] One of these works can now be found in Günther Uecker's archive; the other in that of Lothar Wolleh.

Both Melissen's examination of the Uecker-Wolleh connection and Xiao Xiao's essay focus on aspects of Uecker's unconventional approach that have received little attention to date and work to highlight underrecognized albeit central influences for the artist. Uecker himself, for example, has emphasized the influence of Unism on his work, especially with regard to the creation of his *Structural Pictures* and in particular the influence of the work of the Polish artist—and formulator of Unism—Władysław Strzemiński. This aspect, as well as the aesthetic proximity to the Gutai group, is also observed by the author as further important reference points for an understanding of Uecker's work. The Japanese avant-garde artists' group Gutai, which came together in 1954 in the Osaka-Kōbe region on the initiative of the artist Jirō Yoshihara and remained active until 1972, emphasized, in a manner similar to the ZERO group in Europe, the spontaneous and random in art-making. In the pouring and spraying of paint, the creation of large-scale outdoor installations, the use of unconventional materials, such as mud as a painting medium or electric lights as a body covering, and in collaborations which ranged from inviting spectators to engage in interdisciplinary approaches along with figures from the performing arts, Gutai, also like ZERO, was part of a generation of artists who emphasized the importance of their own physical presence in the creation of their works and the relationship between themselves and their works via new materials and processes. In his 1956 manifesto, Yoshihara notes how the "art of the past" had become a mirage and calls for a radical expansion of painting:

[2] In 1970/1971, the publication *Uecker*, consisting of a text by the artist and photographs by Lothar Wolleh, was published by Edition *Artifex* in an edition of 530 copies.

"Let's bid farewell to the hoaxes piled up on the altars and in the palaces, the drawing rooms and the antique shops. They are monsters made of the matter called paint, of cloth, metals, earth, and marble, which through a meaningless act of signification by humans, through the magic of material, were made to fraudulently assume appearances other than their own."[3]

It is no coincidence that the Gutai Manifesto echoes a critique of painting in the classical sense that is also inscribed in Uecker's position.

With regard to the temporal proximity of various emergent groups and stylistic movements, Xiao Xiao makes a proposal that also goes beyond what are now widely accepted boundaries. With the philosophical concepts she methodically employs, which in her understanding encompass everything from the concept of a life in harmony with nature all the way to the natural flow of things, Xiao Xiao incorporates into the repertoire of aesthetic concepts such modes of perception and argues that they are applicable beyond national distinctions. She does not so much follow Uecker's philosophical argument itself as she does the materiality of his works, in which she recognizes his approach of opening the works to these concepts. In her analysis, she describes how Uecker's methods are related to those found in Daoism as well as how his approach to the handling of materials, his attitude in making and acting, the withdrawal and insertion of the body in the creation of the works, and the pointed allowance of change are intrinsic to the artist's oeuvre. The question of how is answered by the work.

Needless to say, the complex and nuanced tradition of Daoist philosophy cannot and does not act as a fixed tool for the interpretation of artistic output, nor does Xiao Xiao attempt to do so in her analysis. Rather, the author directs attention in her argumentation to the fact that the shift in perspective in Uecker's work, which began during the period of upheaval in the 1960s, brought a new understanding of painting to

[3] Jirō Yoshihara, *Gutai Manifesto*. Originally published as "Gutai bijutsu sengen," *Geijutsu Shinchō* 7, no. 12 (December 1956), 202–04, translated by Reiko Tomii.

bear within a broader context. Via the unexpected methods that came out of such an approach, a view of the artwork per se opens up that can lead to a more nuanced understanding of the oeuvre. Uecker has inscribed something into his *Nail Pictures, Finger Paintings, Dirt Pictures,* and *Structural Pictures,* Xiao Xiao proposes here, which allows these works to move far beyond the significance of the cultural and historical contexts of their development.

My sincere thanks go to Günther Uecker for his support in the creation of this series of publications, as well as to his son Jacob Uecker, who has made himself available to us in numerous helpful ways. My special thanks also go to Xiao Xiao and Antoon Melissen, the authors of the present Volume 2, for their contributions, as a consequence of which Günther Uecker's oeuvre has become comprehensible as one in which fundamental questions are inscribed that move beyond medial and cultural boundaries. A huge thank you must also go to Oliver Wolleh, who made it possible for us to include in this publication the photographs taken by his father Lothar Wolleh in the context of his intensive collaboration with Günther Uecker and allowed us to create with this volume a wonderful *pas de deux.* To the team of the Günther Uecker Institute, the Deutscher Kunstverlag, and all those involved in this publication, I extend my heartfelt thanks for their great collaboration: Antonia Gradnitzer for coordinating the project, Pablo Schneider for accompanying the publication process, Christine Wölfle for editing, Everett Mason and Pierre Bouvier for translating the texts into English, and, finally, Johanna Neuburger for the graphic design of this volume and the rest of the series *Notizen zu Uecker.*

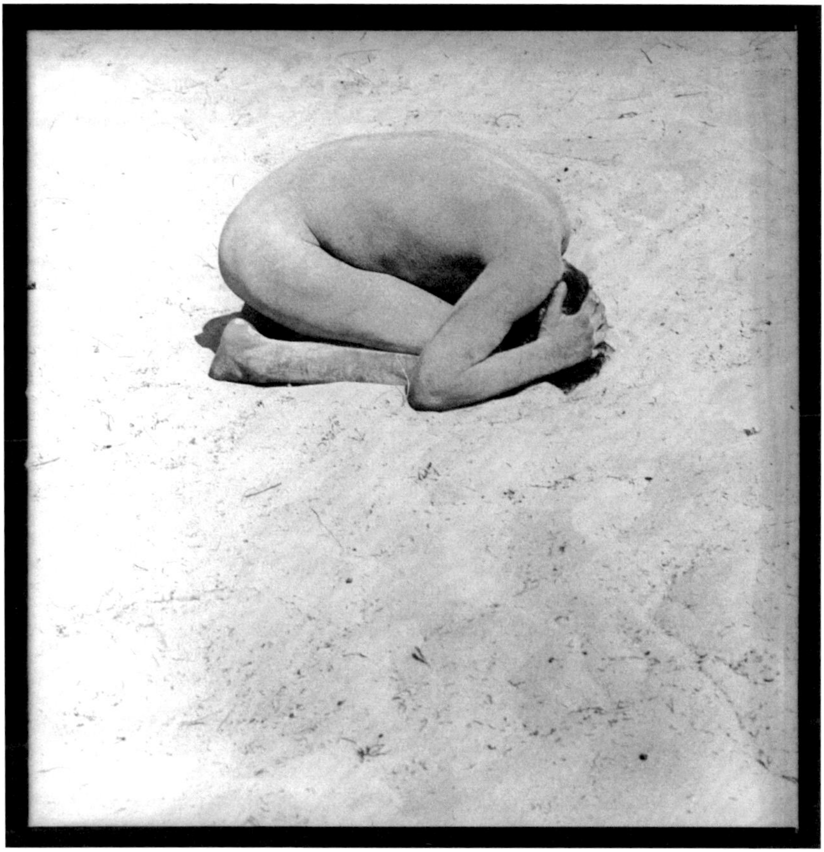

„Alle Illusionen in der Malerei waren Lügen; alle Idealismen waren Verführungen bis zum Desaster. So war die Quelle der Kunst in der Banalität des Alltags begründet. Das war der Brunnen für die schöpferische Kraft dieser jungen Menschen, wozu ich mich zählte. Und diese Hervorbringungen, mit diesen Mitteln zu arbeiten war ein Zeugnis unseres Lebensanspruches und damit unverwechselbar Gegenwart. Und die Illusionen, die auf Malereien erschienen, aus der Vergangenheit, waren nach meiner Auffassung Lügen und waren nicht so verbunden mit der Wirklichkeit des Handelns und des Betrachtens.“[1]

[1] Günther Uecker im Gespräch mit Christian Lund, Dezember 2014. Louisiana Museum of Modern Art in Humlebæk: *Günther Uecker Interview: Poetry Made with a Hammer*, 13.06.2017 [Videointerview, TC 03:57–04:58]; https://www.youtube.com/watch?v=MPH7XSsK3SY [01.03.2023].

Xiao Xiao

Günther Ueckers künstlerische Handlungen
Eine interkulturelle Untersuchung anhand der daoistischen Begriffe *wuwei*, *ganying* und *ziran*

‚Tun ohne Tun'

Anhand der aus dem ostasiatischen Raum stammenden spirituellen Begriffe *wuwei*, *ganying* und *ziran* richte ich den Blick in meiner Untersuchung auf ein spezifisches Handeln, das ich als eines der zentralen Elemente im künstlerischen Schöpfungsprozess Günther Ueckers herausstellen möchte. Das ‚Tun ohne Tun', ein Handeln, ohne nach konstruierenden Ideen zu greifen, wie sich der chinesisch-daoistische Begriff *wuwei* (das ‚Nicht-Handeln' im Sinne von ‚Nicht-Eingreifen') ins Deutsche übersetzen lässt, und der Begriff *ziran* (‚von selbst-so' und ‚von Natur aus') durchziehen den künstlerischen Schaffensprozess Ueckers, so meine These, wie ein roter Faden. Bemerkenswert ist, dass die Uecker'schen Werke keine Illustration seiner künstlerischen Ideen sind, wie der Künstler selbst mehrfach geäußert hat. Das Kernelement des *wuwei* lässt sich vielmehr im konkreten Handlungsprozess ausfindig machen: „Die Hand führt die Bewegung des inneren Auges aus, geht ganz darin auf zu schauen und spürt sich dabei kaum."[2] Diese Beschreibung Ueckers zeigt, dass der ganze Körper des Künstlers in den Schaffensprozess einbezogen ist, und zwar, indem Uecker sein Sehen erweitert und unermüdlich versucht, dem Rhythmus des innerlichen ‚Seherischen' nachzuspüren und die ‚unsichtbaren' Spuren des Handelns in künstlerische Sprache zu übersetzen und erfahrbar zu machen. In einem Gespräch mit der Kunstsammlerin Gabriele Henkel stellt Uecker

[2] Heinz-Norbert Jocks: *Archäologie des Reisens. Ein anderer Blick auf Uecker*, Köln 1997, S. 226.

sein Selbstverständnis im Zusammenhang mit diesem inneren Vorgang noch einmal klar: „Ich bin kein Lehrender und kein Belehrender. Ich kläre nicht auf, sondern habe den Prozess des Seherischen immer verfolgt, und seherisch heißt für mich einen Erkenntnisweg beschreiben."[3] Den Rhythmus des innerlichen ‚Seherischen' werde ich im Folgenden mithilfe des Begriffs *ganying* (‚korrelative Resonanz') näher betrachten. Der Begleitprozess in der künstlerischen Praxis spielt eine entscheidende Rolle: Uecker rückt seine Empfindsamkeit gegenüber dem Äußerlichen und Gegebenen ins Zentrum dessen, was er wahrnimmt. In diesem Prozess der Wahrnehmung werden die Verhältnisse zwischen Außen- und Innenwelt, objektiv Gegebenem und subjektiv Wahrgenommenem, dem Fremden und dem Vertrauten und schließlich das Verhältnis zwischen sprachlich Definierbarem und Unsagbarem mit bildnerischen Mitteln sichtbar gemacht. In dem Spannungsfeld zwischen ‚Ergreifbarem' und Leere bildet sich auf Grundlage der verinnerlichten Wahrnehmungsprozesse eine dynamische Bewegung aus Sehen und Gesehenwerden. Die durch diesen Vorgang erfolgte Erweiterung des Bewusstseins begründet ein ‚Vorfeld', das als das der Uecker'schen künstlerischen Schöpfung Vorausgegangene verstanden werden muss.

Wahrnehmung im Schöpfungsvorfeld: *wuwei*

In meiner Untersuchung zu Günther Ueckers künstlerischer Verbindung zur Philosophie Ostasiens nähere ich mich dem Bereich des ‚Vorfelds' an, einem Bereich, der zwar vor der bildnerischen Produktion liegt, aber doch schon zu dieser gehört und im Verlauf in ihren Prozess eingeht. Uecker macht in seinen künstlerischen Werken Strukturen erfahrbar. Mit achtsamer Wahrnehmung sucht er nach einem strukturellen Ausdruck, der das Geschehen in einem zeitlichen und räumlichen Kontext darstellt.

[3] Gabriele Henkel: *Augenblicke. Interviews – Reviews – Views* (= Statement-Reihe, Bd. 14), Regensburg 1995, S. 14.

Seine „künstlerische Handlung“[4] beziehungsweise die künstlerische Praxis ist eng mit dem Leben als ihre Umwelt verbunden, was sich in einem konkreten zeitlichen sowie räumlichen Kontext (re-)konstruieren lässt. Die kontextuellen Strukturen nimmt der Künstler im ‚Vorfeld‘ und ‚wertfrei‘ als das Äußere, das Gegebene wahr, ohne den Dingen seine eigene Subjektivität aufzudrängen. In seinem Schreiben, auf das ich noch näher eingehen werde, reflektiert Uecker mitunter genau dieses ‚So-Sein‘ der Wesen und seine Bestrebungen, natürliche Elemente wie Wind, Stein, Licht, Meer, Regen zivilisatorisch unbeeinflusst zu betrachten. Die durch seine bewusst unvoreingenommene Wahrnehmung gemachten Erfahrungen transformiert Uecker mithilfe seiner künstlerischen Sprache. Die Wahrnehmung des Künstlers ist vom Zweck der funktionalen Vernunft, von jeder vernunftgeleiteten Zielführung entbunden; sie ähnelt vielmehr dem Prozess des Spiegelns in der Philosophie des Daoismus:

„Der Spiegel, der rein ist, tut nichts [*wuwei*],
Schönes und Häßliches erscheinen von selbst;
die Waage, die ausgewogen ist, tut nichts [*wuwei*],
Leichtes und Schweres zeigen sich von selbst.“[5]

Wuwei ist ein zentraler Begriff aus der ästhetischen Praxis des altchinesischen Daoismus. Der Philosoph Günter Wohlfart hält dazu fest:

„Dieses rechte ‚ohne Tun‘ ist ein Tun ohne eigenes absichtliches Zu-Tun, also ein Tun ohne Tun (*wei wuwei* [...]), das gleichsam ‚von selbst so‘ geschieht (*wuwei ziran* [...]). Es wird mitunter aber immer noch als bloßes Nichts-Tun mißverstanden.“[6]

[4] Der Ausdruck ‚künstlerische Handlung‘ erscheint unter anderem in zahlreichen Werktiteln Günther Ueckers.

[5] Aus den *Fragmenten des Shen Buhai*, zit. in: Günter Wohlfart: *Der Philosophische Daoismus. Philosophische Untersuchungen zu Grundbegriffen und komparative Studien mit besonderer Berücksichtigung des Laozi* (*Lao-tse*) (= Reihe für Asiatische und Komparative Philosophie, Bd. 5), Köln 2001, S. 84. Günter Wohlfarts deutschsprachige Übersetzung dieser Passage geht zurück auf: Herrlee Glessner Creel: *What Is Taoism? And Other Studies in Chinese Cultural History*, Chicago 1970, S. 64.

[6] Wohlfart 2001, S. 16.

Auf Deutsch wird *wuwei* in der Tat bis heute als ‚Nichts-Tun' übersetzt. Dieses ‚Nichts-Tun' ist jedoch, wie Wohlfart richtig anmerkt, kein „bloßes Nichts-Tun", sondern vielmehr ein von diesem zu unterscheidendes ‚Nicht-Eingreifen'. Veranschaulicht werden kann das *wuwei* mit dem Bild des Wassers, das sich seine Wege bahnt:

„Das *wuwei* des Wasserlaufs, der ‚tut, ohne (absichtlich) zu tun', entspricht dem *wuwei* des *dao*. Der Daoist ist kein ‚Mann der Tat', er entdeckt [...] das Tatenlose in der Tat – so ist sein Tun ein Tun ohne Tun. Sein Wille ist ohne (willkürlichen) Willen. Wo ein Wille ist, ist noch lange kein ‚Weg'."[7]

In anderen Worten kann der Begriff *wuwei* so erklärt werden: *wuwei* ist eine daoistische Einstellung zum menschlichen Handeln, nach der in das ‚So-Sein' des Handlungsobjekts nicht eingegriffen und dieses dadurch nicht verändert wird. Uecker geht sowohl in seinem Wahrnehmungsprozess als auch in seiner konkreten künstlerischen Handlung nach einem Prinzip des *wuwei* vor. Er betrachtet das Geschehene in dem Kontext, in dem es sich ergeben hat. Der Kontext entspricht dabei der zeitlichen und räumlichen Verflechtung eines Geschehens. Gemäß seiner Wahrnehmung belässt Uecker die Verflechtung in ihrer ursprünglichen Form beziehungsweise Konstellation und versucht, das Geschehen darin zu erfassen. Dabei gelingt es dem Künstler, in die Struktur des Geschehnisses einzudringen. Diese Sehweise ist eine Art des Sehens, die nicht verstandesmäßig vorgeht. Ueckers Sehen ist in diesem Sinne kein intellektueller Verarbeitungsprozess. Anders als das verstandesmäßige Sehen resultiert seine Sehweise nicht in einer persönlichen Sicht. Diese Sehweise, die Uecker eigen ist, beschreibt er selbst wie folgt: „Darum nahm ich mir vor, die Welt so jungfräulich, so wahr- und quellenhaft, wie sie mir im Alltag begegnete, in eine künstlerische umzuwandeln."[8] Dieses begegnende Sehen wird vom Künstler bewusst gelenkt und ist von einer

[7] Ebd., S. 92.

[8] Günther Uecker im Gespräch mit Heinz-Norbert Jocks, in: Jocks 1997, S. 10.

kindlich-naiven Sehweise zu differenzieren. Sie ist einerseits auf die organisch-strukturell-organisierende Erscheinung des Objekts fokussiert, das ihm gegenübersteht, das außerhalb von ihm ist; und andererseits ist diese Sehweise auf die Verhältnisse zwischen sehenden Individuen und dem zu sehenden Objekt oder Geschehen gerichtet und erfasst abstrakte Strukturen.

Mit dem Eindringen in eine andere Struktur überschreitet Uecker sein ‚Ich' (*wuwo*). Den Zusammenhang des Ich mit dem ‚Tun ohne Tun' benennt Wohlfart so: „Nur wer ohne Ego (*wuwo*) ist, bzw. sein Selbst vergessen hat, kann im rechten Sinne ohne Tun sein (*wuwei*)."[9] Im altchinesischen Daoismus führt die Selbstvergessenheit (*wuwo*) methodisch zum ‚Tun ohne Tun' (*wuwei*). Der beschriebene ‚seherische' Prozess umfasst nicht nur die sehende Tätigkeit, vielmehr wird die sinnliche Wahrnehmung in der Situation durch das zeitübergreifende Sehen aktiviert und das Gesehene sinnlich erfasst. Die sehende Tätigkeit betrifft die Wahrnehmenden über das Organ des Auges hinaus. Es handelt sich um einen physiologischen Wahrnehmungsprozess in einem ganzkörperlichen Sinne. Die Entsprechung dieses Vorgangs in seinem Werkprozess bezeichnet Uecker als „Körperwahrnehmung".[10] Dadurch wird sein Anspruch fassbar, ein erweitertes Bewusstsein zu erlangen, ein Bewusstsein, in dem Außen- und Innenwelt miteinander verwoben sind. Das auf das Subjekt bezogene Bewusstsein zieht keine dualistische Trennungslinie zwischen sich und der Welt als äußerlicher Gegebenheit.

Die Vereinigung von Subjekt und Objekt, Innen und Außen ist ein Schlüssel für die bildnerische Produktion Ueckers. Diese Vereinigung ist malerisch und buchstäblich als ‚impressionistisch' zu verstehen. Durch diese Art der Handlung gelingt es Uecker, eine Andersartigkeit der Verbildlichung hervorzubringen, in der er *nicht* sein ‚Ich' (Ego) darstellt, sondern vielmehr das konfliktreiche Verhältnis desselben. Dafür agiert Uecker als eine die Szene beobachtende dritte Person.

[9] Wohlfart 2001, S. 16.
[10] Jocks 1997, S. 221.

Korrelative Resonanz im Wahrnehmungsprozess: *ganying*

Die Rezeption einer Struktur mit der selbstvergessenen Einstellung des *wuwo*, wie ich sie herausgearbeitet habe, ist bei Uecker der Beginn einer ästhetischen Handlung. Im weiteren Verlauf der künstlerischen Arbeit zeigt Uecker, wie er die äußerliche Struktur durch das Eindringen in sie erlebt und betrachtet, was er in der Struktur seines Gegenübers genau gesehen beziehungsweise wahrgenommen hat, ohne dabei in das ‚So-Sein' der Struktur einzugreifen oder sie gar zu verändern. Weiterhin rezipiert Uecker sein eigenes Werk. Er geht damit zur Wahrnehmung der Wahrnehmung über. Sein Werk ist das Ergebnis einer direkten Handlung, also die Konsequenz eines Prinzips und nicht die Illustration eines Konzepts. Der Handlungsprozess ist in diesem Sinne ein Prozess des Ineinanderübergehens der Wahrnehmung Ueckers und des ‚So-Seins' der ihm gegenüberstehenden Struktur. Durch diesen Prozess ist das Werk nicht entstanden, das Werk ist geworden, und zwar spontan und rezeptiv. Der mit wachsamen Augen Wahrnehmende ist wie ein leerer Spiegel. Er reflektiert, was vor ihm ist. Er dringt in die dingliche Struktur und Situation ein und vergisst sich dabei.

Die Wissenschaft liefert Erkenntnisse, Uecker Wegbeschreibungen. Wir erinnern uns: „seherisch heißt für mich einen Erkenntnisweg beschreiben".[11] Als Wanderer auf dem Weg zur Erkenntnis kartografiert er Möglichkeiten des Erkennens. In dem vereinigenden künstlerischen Prozess (durch das Erfassen mit Empfindsamkeit) ist Uecker dazu fähig, auch zu solchen Erkenntnissen zu gelangen, die er durch andere forschende Methoden nicht fassbar machen könnte. Es ist der Prozess beziehungsweise der Weg zur Erweiterung eines erkenntnisorientierten Wahrnehmens, auf dem Uecker ein neues Bewusstsein schafft, durch das er sich weiterführend mit der Fragestellung beschäftigen kann, wer er als ein Mensch ist. In diesem ‚seherischen' Prozess erkennt Uecker, was nicht Teil des ‚Ich' ist. Das Bewusstsein, beziehungsweise die

[11] Henkel 1995, S. 14.

bewusste Wahrnehmung, ist in diesem Prozess auf das außerhalb des eigenen Bewusstseins Stehende gelenkt. Dieses wiederum besteht aus dem Unbewussten und dem Unterbewussten. Die Bewusstwerdung des unbewusst Fremden und der psychischen Vorgänge des Unbewussten, die der rationalen Kontrolle entzogen sind, bietet eine Grundlage für die Erweiterung des bewussten Sehens.

Der Blick, mit dem Uecker sein Umfeld sowie dessen veränderte Situationen in der Zeit beobachtet beziehungsweise wahrnimmt, ist in seiner „naturverhafteten Denkart verwurzelt".[12] Für diese Art der Wahrnehmung entwickelt der Künstler stets zwei Wahrnehmungsrichtungen, die parallel zu einem genauen Sehen führen: Erstens bildet Uecker durch „Körperkontakt zur Welt"[13] seine eigene Verbindung zur Welt. Uecker spricht von „Lesen mit Füßen" und erzählt in diesem Zusammenhang auch von seinem unwillkürlichen Drang, wann immer etwas passiere, den Ort des Geschehens aufzusuchen, nach eigenen Worten „hinzugehen" und die Weltereignisse selbst in Augenschein zu nehmen.[14] Uecker sucht fremde Kulturen und unbekannte Landschaften auf der ganzen Welt auf. In dieser konfrontierenden Begegnung findet der Prozess, neues Bewusstsein zu erwerben, durch die Erweiterung des bewussten Sehens statt. Eine direkte Wahrnehmung am Ort des Geschehens sei ihm hilfreich, mehr zu sehen und zu verstehen. Dabei stelle er einen Zusammenhang des Geschehnisses her, der von sinnlicher Wahrnehmung, Fühlung, individueller Vorstellung und sozialer wie zwischenmenschlicher Begegnung durchwoben ist.[15] Durch teilnehmende Beobachtung sammelt Uecker seine Wirklichkeitserfahrung, erfährt von wechselseitigen Zusammenhängen und wird sogleich als Beobachter in das Geflecht dieser Zusammenhänge involviert.

Der Vorgang der Uecker'schen Beobachtung hat eine Entsprechung in der daoistischen ästhetischen Praxis des Wahrnehmens,

[12] Alexander Tolnay: *Günther Uecker. Aquarelle*, Ausst.-Kat. Neuer Berliner Kunstverein, Ostfildern-Ruit 2005, S. 7.

[13] Ebd.

[14] Günther Uecker im Gespräch mit der Autorin, 21. September 2017, Atelier Düsseldorf.

[15] Ebd.

dem *ganying*, das wörtlich als ‚Wahrnehmung und Reflexion' übersetzt werden kann. Es ist Uecker bewusst, in welcher historisch-zeitlichen und gesellschaftlich-politischen Komplexität das Weltgeschehen samt seinen Zusammenhängen geformt und geprägt wird. Im altchinesischen Daoismus wird unter dem religiös-philosophischen Begriff *ganying* eine Praxis der Naturwahrnehmung gefasst. Im alten China wurde der Himmel als das Göttliche angesehen. Die religiöse Definition des Göttlichen blieb dabei abstrakt und ist anders als im Christentum mit keiner bestimmten Persönlichkeit oder religiösen Legende verbunden. Im altchinesischen Verständnis des *ganying* war der Himmel das höchste Göttliche und konnte Menschen beeinflussen; umgekehrt konnten Menschen das Göttliche in Form des Himmels spüren. Im Daoismus wird der Himmel als Körper der Natur begriffen und davon ausgegangen, dass Natur und Menschen miteinander kommunizieren können; Mensch und Natur befinden sich in einem Gefüge wechselseitiger Resonanzen und bilden in diesem Sinne eine Einheit.

In einer interkulturellen Perspektive schlage ich vor, den Begriff *ganying* mit einem spezifischen Wahrnehmungsbewusstsein in Verbindung zu setzen. In Ueckers Wahrnehmungsbewusstsein steht die Konzentration auf die physiologische Bewegungsströmung im Vordergrund. Das Wahrnehmen beschreibt Uecker wie erwähnt als einen ganzkörperlichen Handlungsprozess; der Ablauf beschränkt sich nicht nur auf das Auge als Organ. Im Prozess der Wahrnehmung ereignet sich parallel die Reflexion von wahrgenommenen Komponenten beziehungsweise Details. Was ich hier in Begriffen des Wahrnehmungsbewusstseins skizziere, vergleicht Heinz-Norbert Jocks mit einem Verdauungsprozess, bei dem eine von uns aufgenommene Nahrung als Fremdkörper durch organische Verarbeitung in verwertbare Stoffe verwandelt wird, von denen wir unsere Lebensenergie erhalten. Ich nehme dies als weiteren Anlass, im Folgenden den Prozess der Verwandlung in den Fokus zu rücken.[16] Mit der physiologischen Art, in der Uecker sich durch seine Wahrneh-

[16] Vgl. Jocks 1997, S. 221.

mung der Weltbezüge bewusst wird, wird der Raum der Spontaneität in seiner künstlerischen Dimension sichtbar gemacht. Die Wahrnehmung wird als Prozess verstanden, durch den die spontanen Momente ‚naturbelassen' erfasst werden können.

Eine konkrete Handlung ist im ostasiatischen spirituellen Denken kein Mittel der Verwirklichung eigener Ideen. Stattdessen versucht der oder die Handelnde, sich in der Handlung selbst zu folgen, ohne ein bestimmtes Verhältnis zu ihr zu verkörpern. In diesem Prozess wird die höchste Aufmerksamkeit auf das zeitliche Jetzt und räumliche Hier durch Selbstvergessenheit beziehungsweise Zurückhaltung des jeweiligen Ich erreicht. Dadurch wird das wachsame, achtsame Bewusstsein in jenem erwähnten Wahrnehmungsprozess aktiviert. Das bewusste Wahrnehmen konzentriert sich auf die absolute Versenkung in das Tun in der physiologischen Art und Weise und darauf, dass in dem Bewusstsein des oder der Handelnden seine oder ihre körperliche sowie geistige Teilhabe an einer Aktualität, die zeitlich-räumlich strukturiert ist und in der es weder Narration noch Illusion gibt, in den Mittelpunkt rückt. Auf diese Weise lässt sich das Kunstschaffen als Lebensvorgang konfigurieren und so kann die konkrete Hervorbringung zu dem werden, was Uecker als „Zeugnis unseres Lebensanspruches und damit unverwechselbar Gegenwart"[17] benannte. Vor diesem Hintergrund verstehe ich Handlung, auch die künstlerische Handlung Ueckers, als ein Mittel zur Modifizierung von Zeit und Raum. Durch das Handeln ohne planmäßiges Eingreifen wird der aktuelle Moment in einem räumlichen Bezug verabsolutiert. In der Spontaneität, in der das Handeln befreit von äußerlichen Einflüssen und Wertzuschreibungen, also als befreites Handeln möglich ist, wird die bewusste Wahrnehmung des ‚Ich-Seins' in das Unplanbare und das Zufällige erweitert, die statt dem Sichtfeld eines rationalen, ergebnisorientierten Blicks den Bereich der geistig-intuitiven Wesensschau zugänglich machen.

[17] Louisiana Museum of Modern Art in Humlebæk: *Günther Uecker Interview: Poetry Made with a Hammer*, 13.06.2017 [Videointerview, TC 04:31]; https://www.youtube.com/watch?v=MPH7XSsK3SY [01.03.2023].

Anhand von Ueckers *Sandmühle* (1970) wird dieser perspektivwechselnde Prozess in seiner Dauerhaftigkeit greifbar. Das Werk besteht aus einer vertikalen Holzstange und einem Drehkreuz, mit dem die vertikale Stange bodenseitig verbunden ist. Zwei horizontal liegende Holzstangen bilden das Drehkreuz. An der längeren der beiden Stangen sind mehrere Seile befestigt, die am Ende verknotet sind und mit diesem Ende einen Sandboden berühren; der Sand ist auf der Fläche eines Kreises mit dem Durchmesser von drei Metern ausgebreitet. Die kreisende, mühlenartige Rotation der Holzstangen ist von einem elektrischen Motor getrieben. Ausgelöst von der kontinuierlichen Drehung des Motors schleifen die Seile über den Boden und zeichnen mit ihren Endknoten fortwährend konzentrische Rillen in den Sand.

Durch die kontinuierliche Drehung der *Sandmühle* werden die Spuren geformt, verwischt und wieder geformt und wieder verwischt. In ihrer Bewegung scheint die daoistische Verwandtschaft auf: Das Material – kaum könnte etwas alltäglicher sein als am Boden liegender Sand – bleibt in seiner Materialität unbeeinträchtigt. Auch entsteht das Eigentliche der *Sandmühle* nicht aus ihrer Tätigkeit, dem Kreisen, sondern ergibt sich an den Enden der Seile, die selbst nur gezogen werden. Als kinetische Skulptur bewegt sich die *Sandmühle* in einem Spiel aus Reaktion und Wieder-Reaktion. Alles wird eins: Die Spur prägt sich ein, indem sie verwischt. In der *Sandmühle* manifestiert sich sinnliche Körperwahrnehmung, in der die Trennlinie zwischen dem Gegebenen und dem Eigenen, zwischen Außen und Innen ‚verflüssigt' wird; der menschliche Körper sowie die menschliche Regung sind nur im Kontext ihres Umfelds zu erfassen: Der Alltag ist entscheidend. Er formt die Lebensgeschichte des Menschen; durch routinierte Wiederholung, als Alltagspraxis verstanden, findet der Mensch seine Orientierung, seinen Weg zu sich.

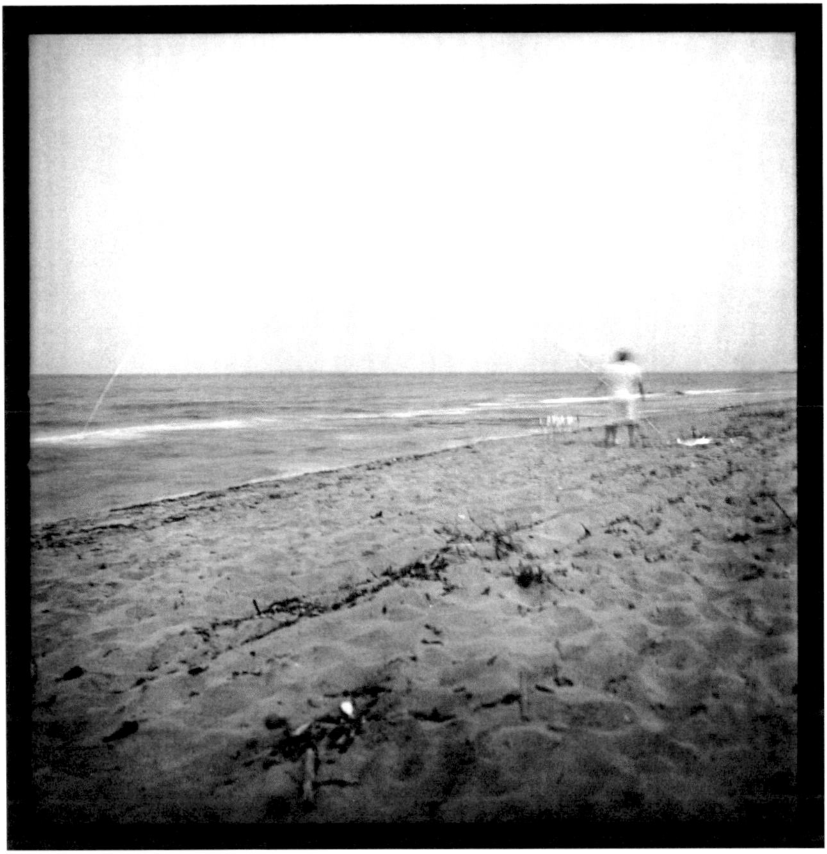

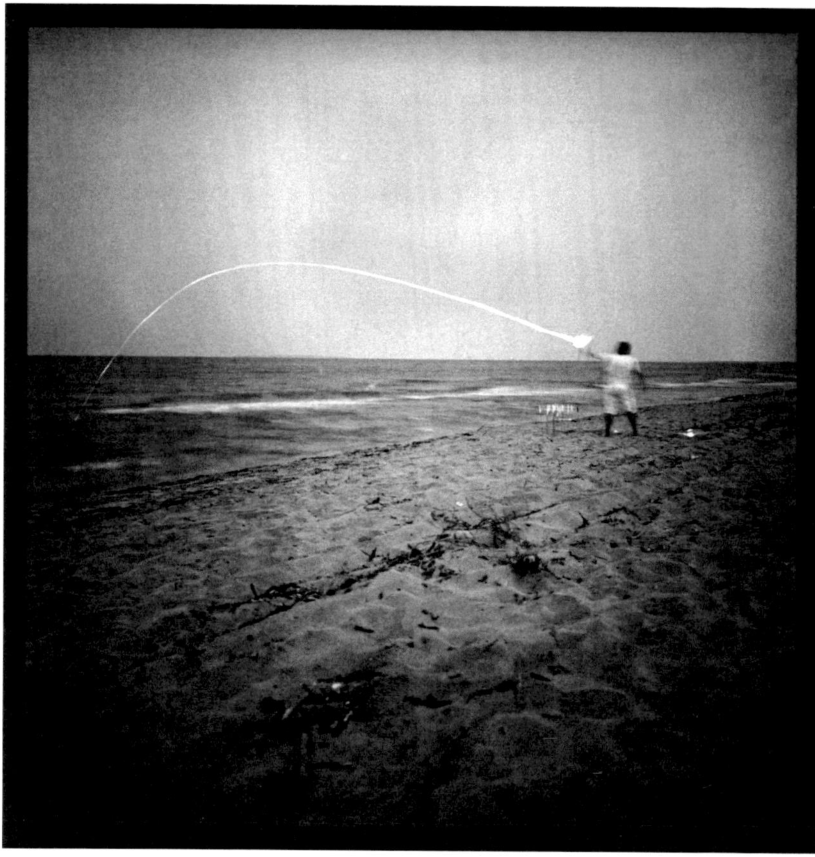

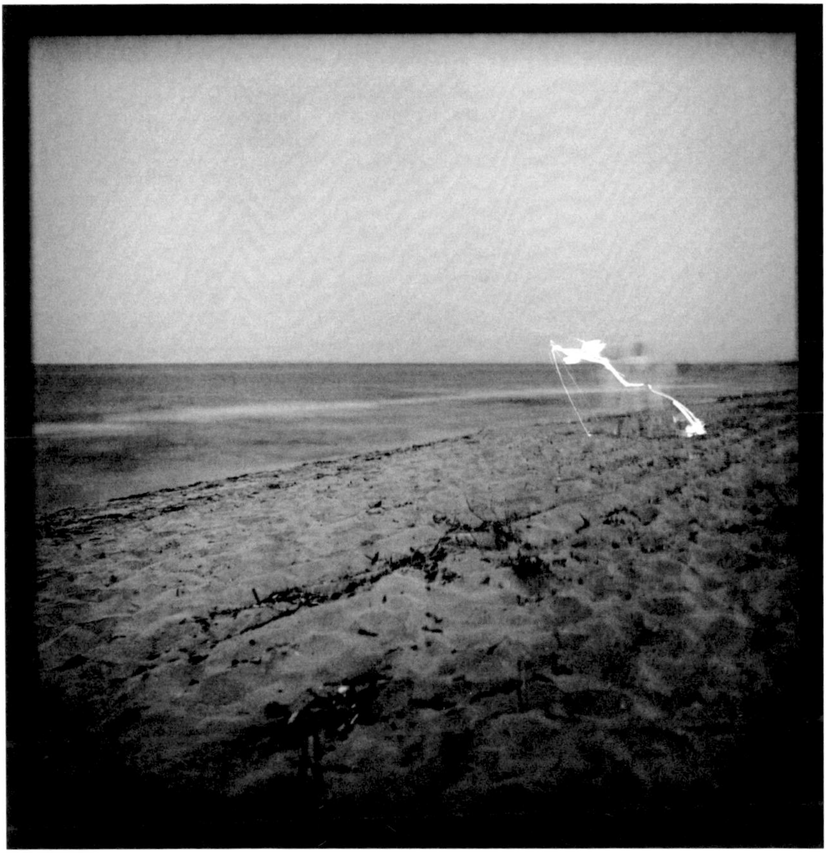

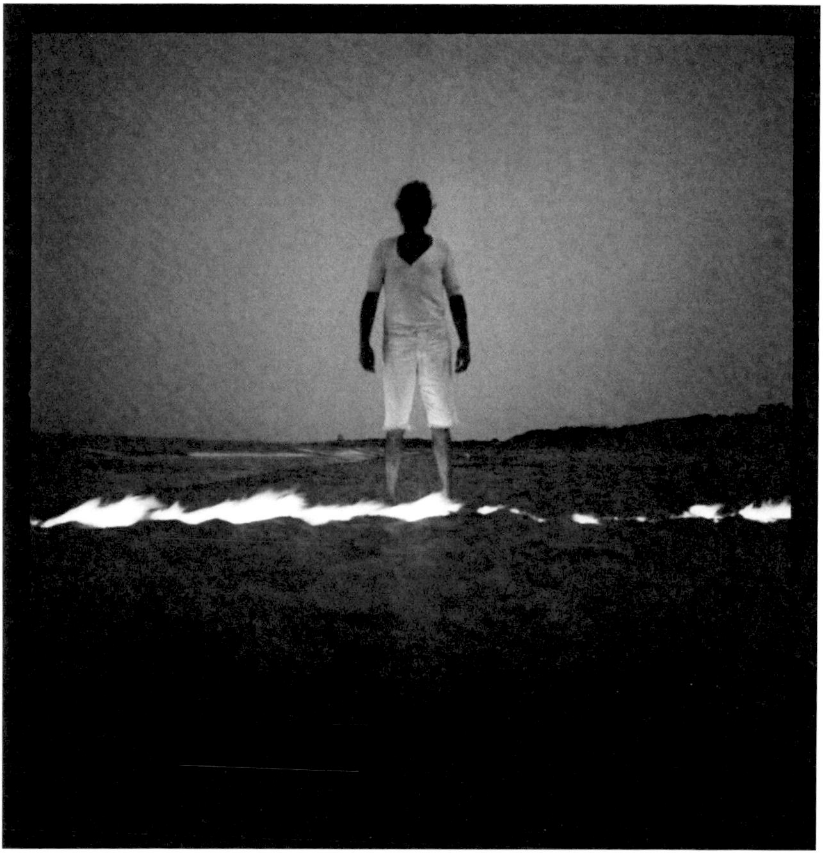

Die Sehens-Möglichkeit: *ganying*

Zu der künstlerischen Praxis gehört im gesamten Œuvre Ueckers immer auch das Schreiben. In seiner Betrachtung „Über Steine – Zum plastischen Werk von Rolf Jörres" von 1969 rezipiert Uecker das bildhauerische Werk seines Zeitgenossen und artikuliert im selben Zug den eigenen Blick, in dem das objekthafte Dasein in seinem naturgemäßen Sinne im Vordergrund steht. Die Skulpturen des im Jahr 1933 in Essen geborenen Bildhauers Rolf Jörres zeichnet in besonderer Weise aus, dass Jörres den natürlichen und ursprünglichen Effekt des Materials Stein beibehält. Ueckers Reaktion auf die Eigenschaften der Steine in der Arbeit seines Kollegen liest sich wie ein daoistisches Bekenntnis:

„Man kann nun den Steinen nicht vorwerfen, dass sie so still da herumstehen; und dies wäre der Grund, dass ich darüber reden müsste. So nehmen sie meine Worte als überflüssig.
Viele Steine begegnen uns in möglichen Abnutzungserscheinungen. Sie unterliegen der Korrosion und geben sich selbst eine Form. Sie lassen uns die Zeit spüren, die Zeit, die an ihnen genagt hat.
Man kann die Steine sich selbst überlassen."[18]

Diese Besonderheit der Kunstwerke Jörres' thematisiert Uecker am Anfang seines Textes, indem er den Raum zwischen dem objekthaften Dasein der Steine umspannt. Der Reiz dieser Steinformation scheint für ihn in einer Form der Andersartigkeit beziehungsweise Fremdheit zu liegen, in ihrer Differenz zur Denklogik des ihm vertrauten europäischen Kulturkreises. Befreit von zweckgebundenen Zusammenhängen offenbaren die Steine Uecker ihre naturbelassene Form. Hier werden Steine von ihm als Dinge gesehen, objekthafte Dinge, die weder alleinstehend noch als aus jemandes subjektiver Erwartung entsprungene Wunschbil-

[18] Günther Uecker: „Über Steine – Zum plastischen Werk von Rolf Jörres" (1969), in: Stephan von Wiese (Hg.): *Günther Uecker. Schriften: Gedichte, Projektbeschreibungen, Reflexionen*, St. Gallen 1979, S. 120–122, hier S. 120.

der konstruiert sind. Die Steine existieren in den Augen Ueckers an sich. Er sieht sie in ihrem ‚So-Sein' eingebettet, in einer Sphäre ohne menschlichen Zugriff. Nicht der Künstler, sondern Elemente der Natur wie Wind, Sand und Regen bestimmen im Zusammenspiel mit der Zeit die Form des Steins. Steine sind von der Natur geschaffen, die Elemente durch ihr ‚Da-Sein' erfahrbar.

Der Blick, den Uecker auf die Steine geworfen hat, ähnelt dem Prinzip des *ziran* aus dem altchinesischen Daoismus. Übersetzt wurde die Eigenschaft *ziran*, so Günter Wohlfart, „sowohl durch ‚frei' und ‚freiwillig' [...] als auch durch ‚Natur', ‚naturgemäß', ‚natürlich'."[19] Im daoistischen Sinne bezeichnet der Begriff *ziran* „das ‚Von-selbst-So-Verlaufende'"[20] und erinnert damit an das japanische Zen. Die Beziehung zwischen dem japanischen Zen und dem chinesischen *ziran* wurde wissenschaftlich umfassend untersucht. So konnte auch die Verbindung zwischen dem japanischen *shizen* und dem chinesischen *ziran* belegt werden. Letzteres wurde, wie auch Günter Wohlfart betont, als „von entscheidender Bedeutung für das Zen"[21] qualifiziert. Das Wort *shizen* ist ein altes Grundwort der sino-japanischen Tradition, deren Quelle die chinesische Philosophie ist, aus der sowohl der Daoismus als auch der Zen-Buddhismus in Japan hervorgegangen sind.[22]

So hatte Uecker während seines Besuchs im japanischen Ryōan-ji-Tempel vermittelt über das japanische Zen Gelegenheit für eine Begegnung mit dem *ziran*. In der japanischen Tempelanlage sah er 1985 den zen-buddhistischen Garten, die sogenannte *kare-sansui* (‚trockene Landschaft'), der auch ein Steingarten mit Kiesbeet angehört. Mit einem Rechen bearbeitet, lässt der Kies die Spuren der Zinken so ineinander übergehen, dass ihre Struktur weder Anfang noch Ende erkennen lässt,

[19] Wohlfart 2001, S. 103.

[20] Ebd., S. 93.

[21] Ebd., S. 111.

[22] Vgl. Rolf Elberfeld: *Philosophieren in einer globalisierten Welt. Wege zu einer transformativen Phänomenologie*, Freiburg/München 2017, S. 360. Siehe dazu auch: Wohlfart 2001, bes. Kap. 4 „Ziran – Von-Selbst-So. Konjekturen zu einer daoistischen Quelle des Zen", S. 101–116.

so wie auch Ueckers *Sandmühle* ihre ununterbrochenen Bahnen zieht. Uecker selbst hatte, wie er berichtet, über das ‚Da-Sein' des kleinen sowie großen Steins im minimalistischen Zen-Garten reflektiert und diese Begegnung als die Ermöglichung eines anderen Sehens, einer anderen Sicht auf die Dinge wahrgenommen. Byung-Chul Han hat dieses Sehen in seiner philosophischen Abhandlung *Philosophie des Zen-Buddhismus* wie folgt beschrieben: „ein objekthaftes, Objekt-werdendes, ein sein-lassendes, freundliches Sehen".[23] Weiter beschrieb mir Uecker im September 2017 in seinem Düsseldorfer Atelier seine Seherfahrung bei der ersten Begegnung mit der ‚trockenen Gartenlandschaft' in Japan als ein reines, auf den Moment und auf das Hier bezogenes, versunkenes Sehen ohne jegliche Ablenkung von Außenwelt und Konvention. Dieses ‚reine Sehen' war ein ‚leerendes Sehen'.

Analytisch betrachtet ist es von Bedeutung, dass die Struktur der Zusammenhänge zwischen Zeit (dem Moment) und Raum (dem räumlichen Kontext), in der sich der Stein als solcher befindet, durch das reine Sehen gebildet wird. Das reine Sehen öffnet den Blick sowohl auf den Stein an sich als auch auf seinen zeitlich-räumlichen Kontext. Erst unter diesen Voraussetzungen lässt sich Ueckers spezifisches Wahrnehmungsbewusstsein auf das in seinen Werkprozess eingegangene Wahrnehmen des Ursprünglichen, Originären, ‚Naturbelassenen' beziehen. Dieses Wahrnehmungsbewusstsein ist einer der Gründe, warum sich Ueckers Ästhetik so dezidiert auf die Eigenstrukturen von Materialien und auf von Naturprozessen ausgelöste strukturelle Veränderungen stützt. Sichtbar wird das bereits in Ueckers Frühwerk ab den späten 1950er- und frühen 1960er-Jahren, in Werken wie *Symmetrische Struktur* (1959), *Atmende Volumen* (1962) oder auch *Gewächskasten I* und *Gewächskasten II* (1962). Ueckers Wahrnehmungsbewusstsein ist dem vergleichbar, was Byung-Chul Han im Zusammenhang mit dem zen-buddhistischen Sehprozess ergänzt:

[23] Byung-Chul Han: *Philosophie des Zen-Buddhismus*, Stuttgart 2002, S. 47.

„Ein Ding muss so gesehen werden, wie es sich selbst sieht [...]. Man muss das Wasser so betrachten, wie das Wasser Wasser sieht. Eine vollkommene Betrachtung käme dadurch zustande, dass der Betrachter gleichsam wasserhaft wird. Sie sieht das Wasser in seinem So-Sein."[24]

Es ist für Ueckers Werkprozesse wichtig, die Struktur des bewussten Sehens (hier konkret in Bezug auf die Steine) auszubilden, denn der Blick ist verbunden mit dem Raum, in dem sich die Steine befinden.

In „Über Steine" spielen Raum und leere Fläche eine wesentliche Rolle: „Ich meine hier den unartikulierten Raum", hält der Künstler fest und weiter: „In der Philosophie ist diese Methode als Einkreisungstheorie bekannt: nicht Auszusprechendes wahrnehmbar zu machen, indem ich den Ort sichtbar mache durch ‚Umzeichnung'."[25] In Werken wie *Das gelbe Bild* (1957/58), oder auch *großes gelbes Bild* (1992), lässt Uecker die bearbeitete Leinwand durch einen außen um die Leinwand verlaufenden Kranz aus Nägeln zu einem Objekt im Raum werden. Die die Bilder umzeichnenden Nägel lenken die Werkrezeption: Sie machen deutlich, dass es sich hier nicht um Malerei im traditionellen Sinne handelt; vielmehr fordert das Objekt das gewohnte Sehen von Kunstwerken heraus. Der reliefhafte Auftrag der monochromen gelben Farbe verdeutlicht den Stellenwert der Struktur. Durch den strukturellen Farbauftrag werden die transformativen Spuren nachvollziehbar. Sie zeigen, wie der Künstler und das Farbmaterial ineinander übergreifen: Indem Expression, Handschrift, persönlicher Duktus zurücktreten, verschaffen sich die materiellen Strukturen von Farbe und Leinwand Geltung. Der transformative Prozess des Malens als ‚Farbe auftragen' ist ein Prozess des Werdens. Das Farbmaterial wird mithilfe der künstlerischen Handlung des Malers zu einem eigenen ‚Es'. Der Künstler führt seine Handlung aus, als ob sich die Farben selbst auf die Leinwand auftragen würden. Der Handelnde und das Farbmaterial dringen ineinander. Ueckers Handlung läuft

[24] Ebd.

[25] Uecker 1979 (1969), S. 121.

‚gedankenlos' und ‚absichtslos' ab, in der Geste des *wuwei*, jenes spezifischen ‚Nichts-Tuns', wodurch das Eigenständige des Farbmaterials als eine Art Wirklichkeit hervorgebracht wird.

Hintergründe der künstlerischen Produktion

Die Rezeptionsmethode entlang der zen-buddhistischen Dramaturgie der ‚trockenen Landschaft', die sich Uecker 1985 bei seiner Besichtigung der Ryōan-ji-Tempelanlage mitgeteilt hatte, war nicht der einzige und nicht der erste Anreiz, sein ‚sehendes Sehen' des ‚Dings in seinem So-Sein' für sein Kunstschaffen zu etablieren. Wenn man seine künstlerische Entwicklung chronologisch betrachtet, sieht man die dahin führenden Transformationsprozesse in seinem Werk. Sie spiegeln die Veränderungen der Kunst im 20. Jahrhundert wider. In den Anfängen seines Schaffens, noch in der DDR lebend, hatte Uecker sich zunächst der figurativen Malerei gewidmet. Darauf waren expressionistische und expressionistisch-abstrakte Entwicklungsphasen gefolgt. Seit den 1950er-Jahren veränderte sich seine künstlerische Arbeit zunehmend hin zur strukturellen Gestaltung, in der Reihungen und Spiralen dominieren. Uecker selbst betont den künstlerischen Einfluss des Unismus, der maßgeblich von dem polnischen Künstler Władysław Strzemiński (1893–1952) sowie dessen Frau Katarzyna Kobro (1898–1951) mitentwickelt wurde. In einem Gespräch mit der Fotokünstlerin Hilla Becher und der Museumsdirektorin Marion Ackermann hielt Uecker fest, dass er eine starke ästhetische Verbindung zu den Werken desselben sehe.[26]

Strzemiński hatte sich in seinen Werken von Komposition und Konstruktion weitgehend verabschiedet, um eigene Strukturen zur Geltung bringen zu können. Seine Idee war es, Kunstwerke nach ihrer eigenen Struktur zu konkretisieren. Dazu gab nicht allein der ästhetische

[26] Vgl. Günther Uecker im Gespräch mit Hilla Becher und Marion Ackermann (2014), in: Gabriele Lauser (Hg.): *Uecker*, Ausst.-Kat. Kunstsammlung Nordrhein-Westfalen, Berlin 2015, o. S.

Ansatz der Kunstgeschichte der europäischen Gegenwart den wesentlichen Impuls. Eine weitere treibende Kraft waren die gesellschaftspolitischen Entwicklungen der 1920er-Jahre, die Strzemiński dazu veranlassten, die Ansätze des russischen Suprematismus zu überdenken und eine neue ‚Bildzone' zu definieren. In dieser Bildzone sollte ein gesellschaftsunabhängiges und zukunftsorientiertes Verständnis von Kunst in Einklang gebracht werden; eine Bildzone, in der es keine Rangfolgen, Be- und Entwertungen mehr geben sollte. Uecker hat seine Arbeit nicht unmittelbar von der Arbeit Strzemińskis abgeleitet, fühlte sich von ihr aber, wie er angibt, bestärkt und bestätigt.[27] „In den Bildern von Strzemiński können Farbklangstrukturen wahrgenommen werden, frei von jeder Symbolik, diese Bilder entgrenzen und öffnen eine neue Vorstellungswelt",[28] schrieb Uecker über den Ansatz Strzemińskis.

Ueckers künstlerisches Schaffen konzentrierte sich seit den 1950er-Jahren auf die Suche nach struktureller Entwicklung. Kunstwerke wurden nicht mehr nach ideellen Kompositionen gestaltet. Sie formierten sich in ihren materiellen Eigenschaften zu Strukturen und viele Kunstschaffende beschäftigten sich mit den Fragen ‚Was kann die Kunst in Bezug auf die Gesellschaft leisten?' und ‚Wie kann die Kunst die Wirklichkeit bildnerisch erfahrbar machen?'. Das war die Zeit, in der in Ueckers Werk der Nagel als das Hauptgestaltungselement der künstlerischen Schöpfung auftaucht. Der Nagel war nicht nur die Möglichkeit, einen Alltagsgegenstand, dessen Funktion jeder kannte, als Material umzunutzen, sondern auch eine Möglichkeit, räumliche, konkrete Strukturen hervorzubringen und die Bedeutung des Raums durch Felder hervorzuheben. Die Nagel-Formationen sind die materialbasierte Antwort auf die illusionistische Malerei, die Uecker als eine Art von Betrug erschien.[29]

[27] Vgl. Dieter Honisch: „Zum Strukturbegriff von Günther Uecker" (1974), in: ders.: *Texte. Mit einem Gruß von Günther Uecker*, Ostfildern-Ruit/Stuttgart 1992, S. 502–510, hier S. 503.

[28] Günther Uecker, zit. in: *Günther Uecker. Kann Fruchtbarkeit auf Asche gründen*, Ausst.-Kat. Kirche St. Petri zu Lübeck, München 1990, S. 28.

[29] Vgl. Louisiana Museum of Modern Art in Humlebæk: *Günther Uecker Interview: Poetry Made with a Hammer*, 13.06.2017 [Videointerview, TC 04:48]; https://www.youtube.com/watch?v=MPH7XSsK3SY [01.03.2023].

Die ‚materialistische' Struktur verweist auf den sie umgebenden Raum, den realen Raum, in dem die Verhältnisse von Licht und Schatten, Stille und Rhythmus, Leere und Fülle zählen. Mit dem Element Nagel wurde eine transzendente Transformation möglich, in deren Hergang Ueckers künstlerisches Schaffen die Grenzen der Lebensrealität überschreitet: Uecker befreit den Nagel aus seinem Sein als Gebrauchsgegenstand; er transformiert den Nagel in ein künstlerisches Element, mit dem er schließlich Strukturen aufscheinen lassen kann. In anderen Worten: Hier befreit sich die Kunst von den Mitteln des individuellen künstlerischen Ausdrucks und wird eigenständig.

Der Schweizer Architekt und Künstler Max Bill (1908–1994) thematisierte im Jahr 1965 diesen neuen Zugang zur Kunst in seinem Essay „struktur als kunst? kunst als struktur?" und formuliert, dass die Struktur „materialeigenschaften im ‚naturzustand', individuell interpretiert",[30] sichtbar und erfahrbar machen konnte und sollte. Er formuliert weiter:

„das bedeutet, dass kunst nur dort und nur dann, und nur deshalb entstehen kann, wenn und weil individueller ausdruck und persönliche erfindung sich dem ordnungsprinzip der struktur unterstellen und diesem ordnungsprinzip neue gesetzmässigkeiten und gestaltmöglichkeiten abgewinnen können."[31]

In der ZERO-Gruppe, gemeinsam mit den Künstlern Otto Piene und Heinz Mack hatte auch Uecker in den 1960er-Jahren eine ‚Stunde Null' für die bildende Kunst ausgerufen. Das war die zweite ‚Stunde Null' nach der Zäsur des Zweiten Weltkriegs. Die ZERO-Künstler suchten durch materielle Experimente nach neuen Ordnungsprinzipien. In dieser programmatischen Entwicklung hatte Uecker sich auf Eigenstrukturen natürlicher Materialien fokussiert. Seine ‚Mitgliedschaft' bei der ZERO-

[30] Max Bill: „struktur als kunst? kunst als struktur?", in: Gyorgy Kepes (Hg.): *Struktur in Kunst und Wissenschaft* (= Reihe sehen + werten), Brüssel 1967 (1965), S. 150–151, hier S. 150.

[31] Ebd.

Initiative dauerte fünf Jahre, von 1961 bis 1966. Sie beeinflusste seine Sehweise, deren Konsequenz darin bestand, dass dem künstlerischen Material nichts mehr von außen auferlegt wurde, sondern sich das Werk aus dem Material heraus entwickelte, eine Form des *ziran*.

Noch eine andere Verbindung ist zum Verständnis von Ueckers Strukturwerken wesentlich: Uecker wies bei unserem bereits erwähnten Gespräch im September 2017 auf seine Bekanntschaft mit der Gutai-Gruppe hin.[32] Die Künstlergruppe Gutai wurde im Dezember 1954 in der japanischen Hafenstadt Osaka gegründet. Ihre Mitglieder waren bis 1965 unter der Bezeichnung ‚Gutai-Gruppe' aktiv. Drei Monate nach ihrer Gründung schlossen sich auch vier japanische Künstler der Gruppe an, die zuvor der Künstlergruppe ZERO angehört hatten. Infolgedessen entstand ein intensiver Austausch zwischen ZERO und Gutai und so hatte auch Uecker, als er sich 1961 der ZERO-Gruppe anschloss, Gelegenheit, die japanischen Kunstschaffenden sowie deren avantgardistische Ideen persönlich kennenzulernen. Durch die persönliche Begegnung mit der Gutai-Gruppe aus Japan, auch im Zusammenhang mit dem ihr eigenen fernöstlichen traditionellen Gedankengut, erweiterte sich auch Ueckers spirituelle Sicht.[33]

Für die Gutai-Kunstschaffenden spielte die Eigenständigkeit des Materials eine zentrale Rolle. In dem von Jirō Yoshihara formulierten Gutai-Manifest findet man diesen Gedanken in klare Worte gefasst:

„[…] Die Gutai-Kunst verändert das Material nicht: sie verleiht ihm Leben. Gutai-Kunst verfälscht das Material nicht. In der Gutai-Kunst reichen sich der menschliche Geist und das Material die Hand, obwohl diese gewöhnlich einander entgegengesetzt sind. Das Material geht nicht in den Geist ein. Der Geist zwingt nicht das Material zur Unterordnung."[34]

[32] Günther Uecker im Gespräch mit der Autorin, 21. September 2017, Atelier Düsseldorf.

[33] Vgl. Xiao Xiao: *Philosophie und Künste Ostasiens im Werk von Günther Uecker*, Weilerswist-Metternich 2023, S. 11.

[34] Jirō Yoshihara: „Gutai-Manifest" (1956), zit. in: Barbara Bertozzi/Klaus Wolbert (Hg.): *Gutai. Japanische Avantgarde 1954–1965*, Ausst.-Kat. Mathildenhöhe, Darmstadt 1991, S. 2.

Auch wenn Yoshihara die Unabhängigkeit der Gutai-Kunst von der traditionell geprägten japanischen Kunst proklamiert hatte, kann man die mittelbare Verbindung zwischen der vom Zen geprägten traditionellen Kunst in Japan und der Gruppe, besonders in ihrer Sicht auf die Materialität deutlich erkennen. Der schöpferische Fokus der Gutai-Initiative lag auf der Auseinandersetzung mit der Welt der Dinge, in erster Linie der Alltagsdinge. Diese Konzentration auf spezifische Materialien und Materialität war auch der Schlüsselpunkt von Ueckers Ansatz: Durch die strukturelle Auseinandersetzung in seiner künstlerischen Praxis macht er die Physis von Materialien dezidiert sichtbar, wahrnehmbar und erfahrbar. Im Grunde lassen sich Ueckers Strukturbilder als eine Art des Dialogs zwischen objektiv erfassbaren Strukturen und der subjektiven Wahrnehmung dieser Strukturen begreifen. Dieter Honisch fasst pointiert zusammen: „Unter den ZERO-Leuten (Heinz Mack und Otto Piene) hat Uecker bis heute die meiste Struktur.“[35]

Seit der ZERO-Zeit hatte Uecker vornehmlich damit experimentiert, seinen Strukturbegriff zu entwickeln. Er befreite die Strukturen von der zweidimensionalen Bildfläche und ließ sie sich in den dreidimensionalen Raum hinein erweitern. Dieses Streben hin zur Struktur und hinaus in den Raum wird, wie bereits herausgestellt, an Ueckers Werk *Das gelbe Bild* besonders deutlich.[36] Für Uecker ist, wie mit Dieter Honisch zur Sprache kommt, ein Bild, ein Werk, ein Objekt oder ein Ding „nur noch ein Detail der Welt“.[37] Das bewusste „In-Eins-Sehen“,[38] ohne diese Einheit absichtlich zu verändern, entspricht der universalen Betrachtungsweise des *wuwei* und *ziran*. Die menschlichen Regungen und Wahrnehmungen sind hier eng verbunden mit den Räumen der Natur. Das Einzelne und das Ganze sind keine Gegensätze zueinander, da sich das Einzelne und das Ganze gemäß dem daoistischen Verständnis gegen-

[35] Honisch 1992 (1974), S. 503.
[36] Wohlfart 2001, S. 92.
[37] Honisch 1992 (1974), S. 506.
[38] Ebd.

seitig beeinflussen. Nach der universalen Betrachtungsweise des *wuwei ziran* soll das Einzelne immer im Rahmen seines spezifischen Umraums betrachtet werden. Das Einzelne verbindet und vereinheitlicht als weltanschauliches Prinzip die Polaritäten, die auf den ersten Blick scheinbar unabhängig voneinander walten. So gesehen sind die menschlichen Regungen und Wahrnehmungen eng verbunden mit der Umwelt, mit den die Menschen umgebenden Räumen der Umwelt.

Die grundlegende Erfahrung, die Uecker in dem alten zen-buddhistischen Tempelgarten machte, die aber auch schon früher in seinem Gedanken „[m]an kann die Steine sich selbst überlassen“[39] anklingt, sowie der nach dem Ordnungsprinzip des Sehens entwickelte Strukturbegriff zur weiteren Transformation des Gesehenen und Wahrgenommenen bedienen Ueckers Werke: „So diente der Stein als Ebenbild menschlicher Vorstellungen“.[40] Der Stein ist nicht mehr scheinbar lebloses Material mit baulicher Zweckbindung. Dieses Verständnis schien Uecker zu eng. Den eigenen Ausdruck des Steins, der von Meer, von Sand, von Regen und von Wind im zeitlichen Fluss geformt ist, diesen Ausdruck könne man, so Uecker, „mit psychischen Merkmalen von Menschen vergleichen.“[41] In Ueckers Sehen ist die Doppelnatur der Dinge erkennbar. Ein Teil betrifft die strukturelle Bedeutung des natürlichen Materials; der zweite die psychische Befindlichkeit, die der Künstler – oder ein Mensch – hat und die sich in der Struktur als Material widerspiegelt.

[39] Uecker 1979 (1969), S. 121.
[40] Ebd.
[41] Ebd., S. 120.

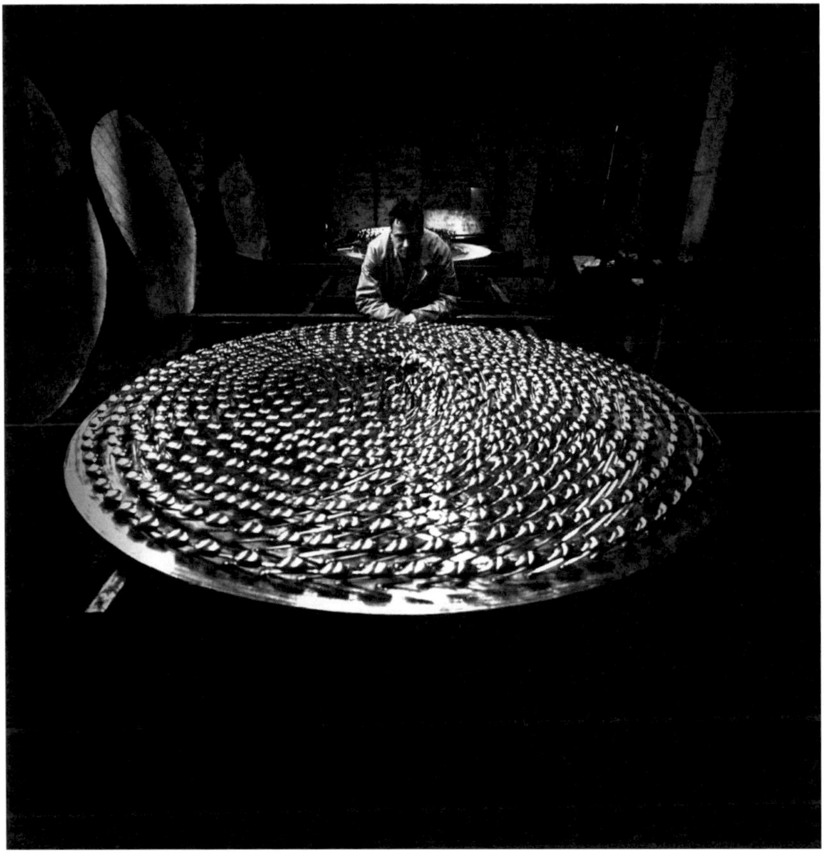

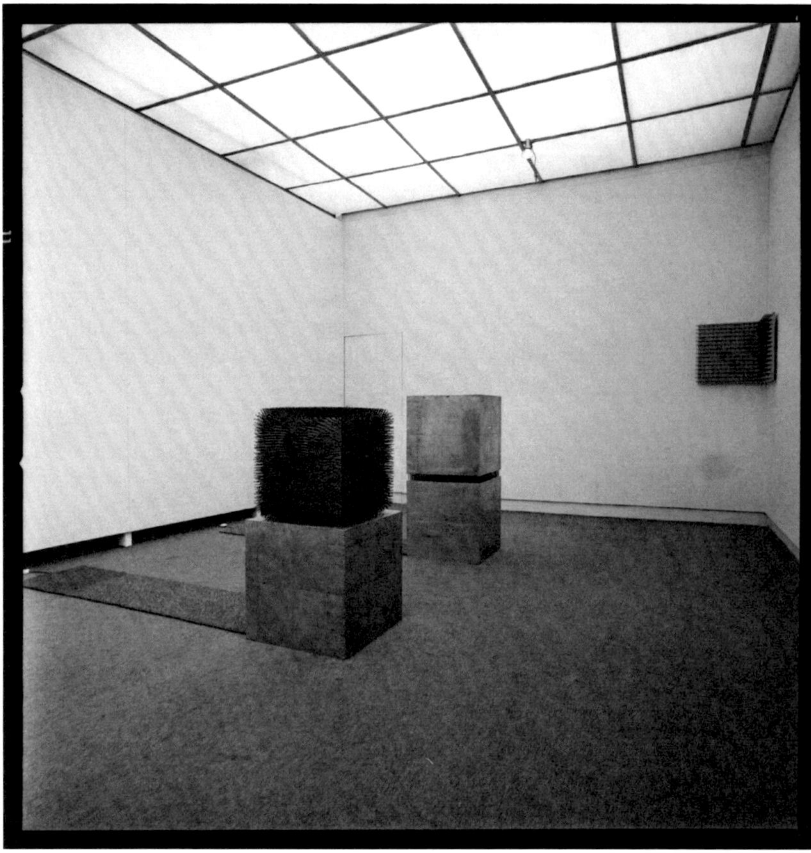

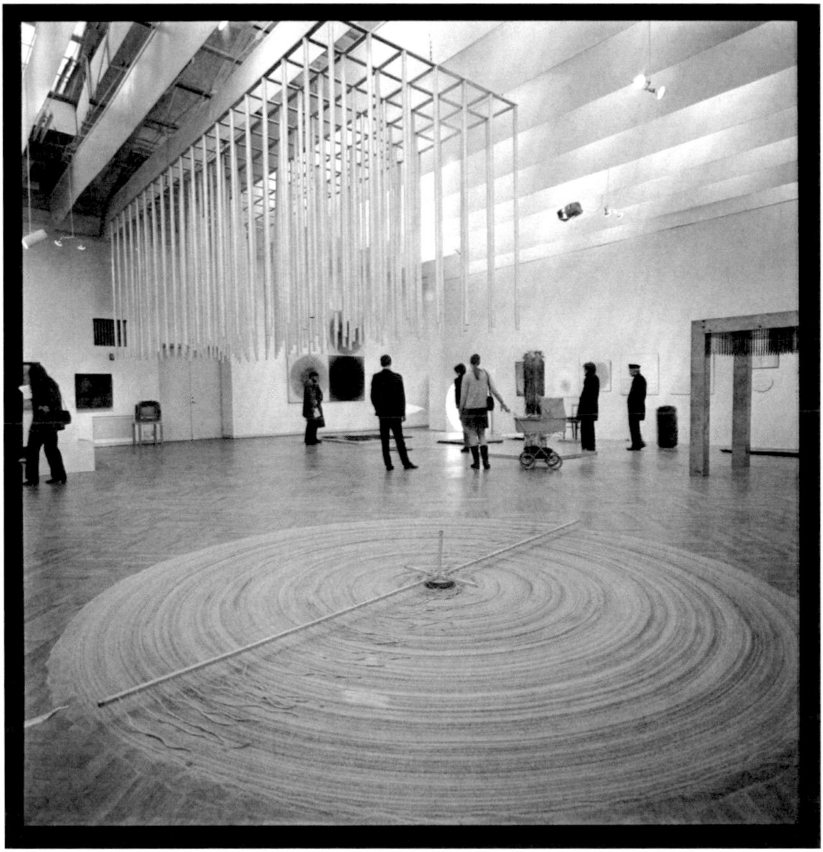

"All illusions in painting were lies; all idealisms were seductions to the point of disaster. So the source of art was rooted in the banality of everyday life. It was the wellspring of the creative power of these young people, among whom I counted myself. To create these works using such means was a testament to our claim on life and thus unmistakably embedded in the present. And the illusions that appeared in paintings from the past were in my opinion lies and were not connected with the reality of action and observation."[1]

[1] Günther Uecker in conversation with Christian Lund, December 2014. Louisiana Museum of Modern Art, "Günther Uecker Interview: Poetry Made with a Hammer," June 13, 2017, video, https://www.youtube.com/watch?v=MPH7XSsK3SY, 03:57–04:58 [accessed March 1, 2023].

Xiao Xiao

Günther Uecker's Artistic Actions An Intercultural Analysis with the Daoist Terms *wuwei*, *ganying*, and *ziran*

"Acting without Action"

Using the spiritual terms *wuwei*, *ganying*, and *ziran*, which originate in the East Asian region, I will focus my analysis on a specific type of action that I would like to highlight as a central element in Günther Uecker's creative process. An 'acting without action,' a kind of doing that does not grasp at constructed ideas, as the Chinese-Daoist term *wuwei* ('non-doing,' in the sense of 'non-intervening') can be translated into English, and the term *ziran* ('by-itself-thus' or 'by nature') both run through Uecker's artistic practice, I argue, as a common thread. It is noteworthy that, as Uecker himself has repeatedly stated, his works are not illustrations of his artistic ideas. Rather, it is the essential element of *wuwei* that can be traced in his process of concrete actions: "The hand carries out the movement of the inner eye, enters completely into it to look and, in this way, hardly senses itself."[2] This description by Uecker shows that the artist's whole body is involved in the creative process, one in which the artist opens up his seeing and tirelessly pursues the rhythm of an inner "visionary" quality, transposing the "invisible" traces of action into artistic language and rendering them tangible. In a conversation with the collector Gabriele Henkel, Uecker once more clarified how he understands himself in connection with this inner process: "I am neither a teacher nor a didact. I don't elucidate, but have always followed the process of the visionary, and visionary for me

[2] Heinz-Norbert Jocks, *Archäologie des Reisens: Ein anderer Blick auf Uecker* (Cologne: DuMont, 1997), 226.

means describing a path of knowledge."[3] I will consider the rhythm of this inner visionary quality in more detail below with the aid of the term *ganying* ('correlative resonance'). The accompanying process found in his artistic practice plays a crucial role here, wherein Uecker situates his sensitivity to the external and the given at the very center of that which he perceives. In this process of perception, the relationships between the external and internal world, the objectively given and the subjectively perceived, the foreign and the familiar, and, finally, the relationship between the linguistically definable and the ineffable are all made visible via pictorial means. Within the area of tension located between that which can be grasped and the void, a dynamic flux between seeing and being seen is built on the foundation of an internalized process of perception. The expansion of consciousness that occurs through this process establishes a "preliminary zone" that must be understood as that which precedes Uecker's artistic creation.

Perception in the Preliminary Zone of Creation: *wuwei*

In my investigation of Günther Uecker's artistic connection to the philosophy of East Asia, I approach the area of a preliminary zone, one which lies before pictorial production, but nevertheless already belongs to it and in the course enters into its process. Uecker makes structures tangible in his artistic works. With an attentive perception, he searches for a structural expression that can represent events in a temporal and spatial context. His "artistic action"[4] or practice is closely connected to life as its environment, one which can be (re)constructed in a concrete temporal as well as spatial context. The artist perceives the contextual structures in the preliminary zone and accepts them as neutral, as the external, the given, without imposing his own subjectivity upon them.

[3] Gabriele Henkel, *Augenblicke: Interviews – Reviews – Views*, Statement Series, vol. 14 (Regensburg: Lindinger + Schmid, 1995), 14.

[4] Uecker uses the expression "artistic action" in numerous work titles.

In his writings, which I will discuss in more detail, Uecker sometimes reflects precisely upon this 'being-thus' of entities and his efforts to view natural elements such as wind, stone, light, sea, and rain without influence from civilization. Uecker transforms the experiences made through his consciously unbiased perception with the help of his artistic language. The artist's perception is freed from the objectives of functional or goal-oriented reason. It resembles, rather, a process of mirroring from the philosophy of Daoism:

"[The ruler is like] a mirror, [which merely] reflects the light [that comes to it, itself] doing nothing, and yet [because of its mere presence], beauty and ugliness present themselves [to view]. [He is like] a scale, [which merely] establishes equilibrium [itself] doing nothing, yet [the mere fact that it remains in balance causes] lightness and heaviness to discover themselves."[5]

Wuwei is a central term in the aesthetic practice of ancient Chinese Daoism. Philosopher Günter Wohlfart notes:

"This true 'without doing' is a doing without one's own intention to do [something], and is thus a doing without doing (*wei wuwei* [...]), which happens, as it were, 'by itself' (*wuwei ziran* [...]). However, it is still sometimes misunderstood as mere doing nothing."[6]

In English, *wuwei* is indeed translated to this day as 'doing nothing.' However, as Wohlfart correctly notes, this 'doing nothing' is not a "mere doing nothing" but, rather, a 'non-intervention' that should be distinguished from it. *Wuwei* can be illustrated by an image of water running its course:

[5] Herrlee Glessner Creel, *What Is Taoism? And Other Studies in Chinese Cultural History* (Chicago: University of Chicago Press, 1970), 64.
[6] Wohlfart, *Der Philosophische Daoismus*, 16.

"The *wuwei* of running water that 'does without (intentionally) doing' corresponds to the *wuwei* of the *dao*. The Daoist is not a 'man of action,' he discovers [...] the actionless in action—so his action is action without action. His will is without (deliberate) will. Where there is a will, there is by no means a 'way.'"[7]

The term *wuwei* can also be explained by saying that it is a Daoist attitude towards human action, according to which the 'being-thus' of the object of action is not interfered with and is not altered by that action. Uecker proceeds according to a principle of *wuwei* both in his process of perception and in his concrete artistic action. He considers events in the context in which they occur, a context that thereby corresponds to the temporal and spatial integration of an event. In keeping with his perception, Uecker leaves this integration in its original form or arrangement and attempts to grasp the event within it. In so doing, the artist is able to penetrate the structure of the event. This way of seeing is one that does not proceed rationally. In this sense, Uecker's seeing is not an intellectual process. Unlike intellectual seeing, his approach does not result in the taking of a personal view. Uecker describes his peculiar way of seeing as follows: "That's why I took it upon myself to transform the world into an artistic one, one as virginal, as authentic and untouched, as it encountered me in everyday life."[8] This seeing-as-encounter is consciously guided by the artist and should be distinguished from a childlike or naive way of seeing. On the one hand, it is focused on the organic, structurally-organized appearance of the object he encounters, one that is outside of him; and on the other hand, this way of seeing is directed towards the relations between individuals seeing and the object or event they perceive and is, thus, able to grasp abstract structures.

By penetrating into another structure, Uecker transcends his 'I' (*wuwo*). Wohlfart identifies the connection of the 'I' with the 'acting

[7] Ibid., 92.
[8] Günther Uecker in conversation with Heinz-Norbert Jocks, in Jocks, *Archäologie des Reisens*, 10.

without action' in this way: "Only he who is without ego (*wuwo*), or has forgotten his self, can truly be said to be non-acting (*wuwei*)."[9] In the methodology of ancient Chinese Daoism, forgetfulness of self (*wuwo*) leads to 'acting without action' (*wuwei*). The process of seeing described does not only involve the activity of seeing, rather, sensory perception is activated in the situation by seeing through time and sensually grasping that which is seen. This visual act involves the perceiver in a way that moves beyond the organ of the eye. It is a whole-body physiological process of perception. Uecker calls the analogue of this operation in the context of his work process "body perception,"[10] through which his claim of attaining an expanded consciousness, a consciousness in which the external and internal worlds are interwoven, is made tangible. Here, consciousness centered in the subject does not draw a dualistic line of separation between itself and the world as an external given.

This unification of subject and object, of inside and outside, is pivotal for Uecker's pictorial production. It is painterly and may be understood as literally 'impressionistic.' Through this mode of action, Uecker succeeds in engendering an alterity within the act of making visual in which he does *not* represent his 'I' (ego), but, rather, its own conflicted relationship with itself. Here, Uecker functions as a third person observing the scene.

[9] Wohlfart, *Der Philosophische Daoismus*, 16.
[10] Jocks, *Archäologie des Reisens*, 221.

Correlative Resonance in the Process of Perception: *ganying*

The reception of a structure via an attitude of self-forgetfulness [*wuwo*], as I have pointed out, is the starting point of aesthetic action for Uecker. In the further development of the artwork, Uecker reveals the way in which he experiences an external structure by penetrating into it. He observes exactly what he has seen or sensed in the structure of this encountered object, without intervening in its 'being-thus' or making any changes to it. Furthermore, the artist acts as the receiver of his own work and is thus able to perceive his own act of perception. His work is the result of a direct action, that is, the consequence of a principle and not the illustration of a concept. The process of such action is, in this sense, the process of the intermingling of Uecker's perception with the 'being-thus' of the structure he is confronted by. In this process, the work does not develop. Rather, it is allowed to *become*, in a spontaneous way and, as it were, receptive to its own becoming. He who perceives with attentive eyes is like an empty mirror; he reflects what is before him and, penetrating into the structure of the object and the situation, forgets himself.

Science offers findings, Uecker offers a road map. We recall that, "visionary, for me, describes a path of knowledge."[11] As a traveler on his way toward knowledge, he maps the possibilities of perceiving. In the unifying process of art-making (by grasping through sensibility), Uecker is furthermore able to reach such insights as could not be made graspable with any other method of inquiry. This is the process of, or path toward, expanding a knowledge-oriented perception, during which Uecker creates a new consciousness that allows him to engage more fully with the question of his own humanity. In this "visionary" process, Uecker recognizes all that is not part of the 'I.' Here, consciousness, or conscious perception, is directed at that which is outside of one's own standing in consciousness. This, in turn, consists of the unconscious

[11] Henkel, *Augenblicke*, 14.

and the subconscious. Becoming aware of the unconsciously other and of the psychological processes of the unconscious, which are beyond rational control, provides a basis for the opening up of conscious seeing.

The standpoint from which Uecker observes or perceives his environment and its shifting situation over time is "rooted [in his] nature-inspired way of thinking."[12] For this kind of perception, the artist always develops two directions of perception that together lead to a correct seeing. First, through "physical contact with the world,"[13] Uecker forms his own connection with that world. He speaks of "reading with the feet" and further relates within this context his involuntary urge, whenever something happens, to visit the site of the event, to "go there" and have a look at the world event for himself.[14] Uecker has sought out foreign cultures and unfamiliar landscapes throughout the world. In such confrontational encounters, a process of acquiring new consciousness occurs through an enlargement of conscious seeing. A direct perception received at the site of an event helps him to both see and understand more. It allows him to establish a context for the event that is shot through with sensual perceptions, feelings, his individual imagination, as well as societal and interpersonal encounters.[15] Through such participatory observation, Uecker gathers his experiences of reality, encountering relations that are interdependent and, in his role as an observer, becomes directly involved in their web.

A parallel to Uecker's process of observation can be found in the Daoist aesthetic practice of perception, *ganying*, translated literally as 'perception and reflection.' Uecker is aware of the historical-temporal and socio-political complexity in which world events, as well as their relationships with each other, are formed and characterized. In ancient Chinese Daoism, the religious-philosophical term *ganying* referred to a practice of perceiving nature. At the time of the term's genesis in that

[12] Alexander Tolnay, *Günther Uecker: Aquarelle* (Ostfildern-Ruit: Hatje Cantz, 2005), 7.
[13] Ibid.
[14] Günther Uecker in conversation with the author, September 21, 2017.
[15] Ibid.

region, the sky was regarded as divine. The religious definition of the divine remained abstract and, unlike in Christianity, it was not associated with any particular figure or religious legend. In the contemporary understanding of *ganying*, the heavens represent the supreme divinity and had the power to influence people; conversely, people could sense the divine in the forms taken by the heavens. In Daoism, the sky was understood as the body of nature and it was moreover believed that nature and humans could communicate with each other, that they were embedded in a framework of mutual resonances, and, in this way, formed a unity.

Taking an intercultural perspective, I propose to relate the term *ganying* to a specific perceptual consciousness. In Uecker's perceptual consciousness, the physiological flow of movement is foremost. As mentioned, Uecker describes perception as a whole-body process of action, a process that is not limited to the organ of the eye. Here, the reflection of both perceived elements and details occurs in parallel. What I outline here in terms of perceptual consciousness, Heinz-Norbert Jocks compares to a digestive process, in which the food we ingest, a foreign body, is transformed through an organic process into usable substances from which we derive our life energy. I will take this as further grounds for focusing in the following on the process of transformation.[16] With the physiological way in which Uecker, via his perception, becomes conscious of the relations found in the world, a zone of spontaneity is rendered visible in its artistic dimensions. Perception can then be understood as a process through which spontaneous moments can be grasped 'naturally.'

In East Asian spiritual thought, a concrete action is not considered a means for realizing one's own ideas. Instead, one attempts to pursue an action without allowing any particular relationship with it to manifest. In this process, the highest degree of attention to the temporal Now and spatial Here is achieved through self-forgetfulness and

[16] Cf. Jocks, *Archäologie des Reisens*, 221.

restraint of the ego. Thus, an attentive, mindful consciousness can be activated in the forementioned process of perception. Such conscious perception is concentrated by an absolute immersion in the physiological act and by the fact that, in the consciousness of the actor, his or her physical and mental participation in an actuality, one that is temporally-spatially structured and in which there is neither narration nor illusion, becomes central. In this way, art-making can be understood to be structured as a vital process, and that which is concretely produced can become what Uecker called a "testimony to our claim on life and, thus, unmistakably present."[17] Against this background, I understand action, including Uecker's artistic action, as a means for modifying time and space. By acting without any deliberate intervention, the present moment is rendered spatially absolute. In the spontaneity by which action is liberated from external influences and attributions of value, that is, made possible as a free act, the conscious perception of 'I-am-ness' is expanded to include the unforeseeable and the accidental, which, in place of a rational, result-oriented outlook, makes a view of being as a spiritual-intuitive zone accessible.

In Uecker's work *Sandmill* (1970), this perspective-shifting process becomes tangible in a quite permanent form. The piece consists of a vertical wooden bar and an axis, to which the vertical bar is connected at its lower end. Two horizontal wooden rods revolve around this central point. Attached to the longer of the two poles are several ropes, each of whose knotted ends graze the sandy floor below. The sand is spread over the surface in a circular shape with a diameter of three meters. The spinning, mill-like rotation of the wooden poles is driven by an electric motor. The continuous rotation of the motor drags the ropes across the ground, endlessly drawing concentric grooves in the sand with the knots at their ends.

[17] Christian Lund, "Günther Uecker Interview: Poetry Made with a Hammer," Louisiana Museum of Modern Art, June 13, 2017, video, https://youtu.be/MPH7XSsK3SY, 04:31 [accessed March 1, 2023].

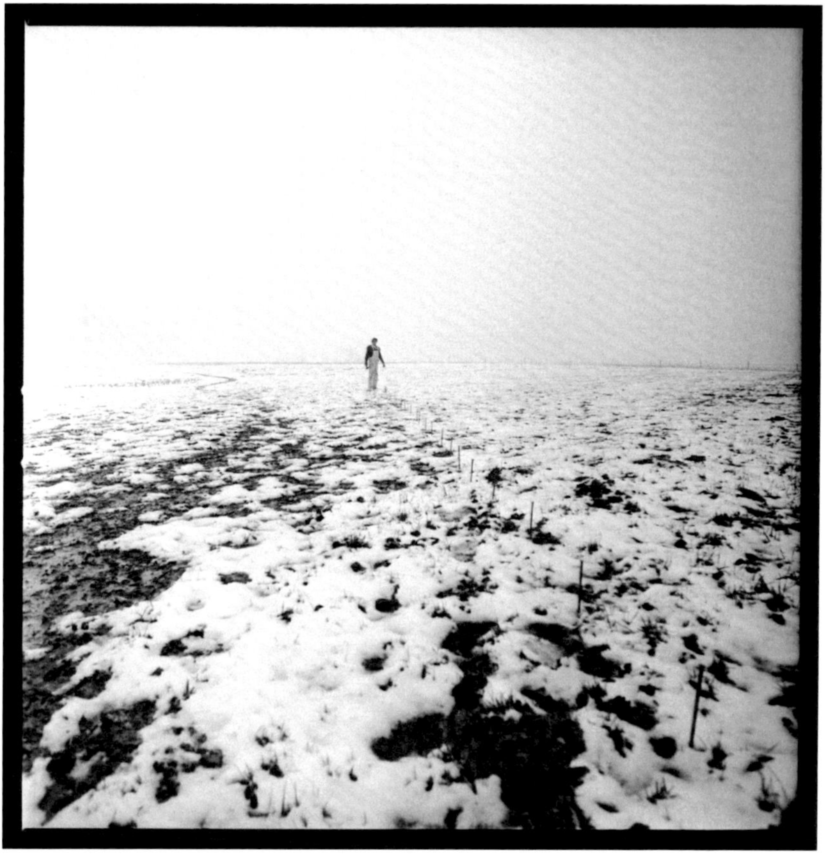

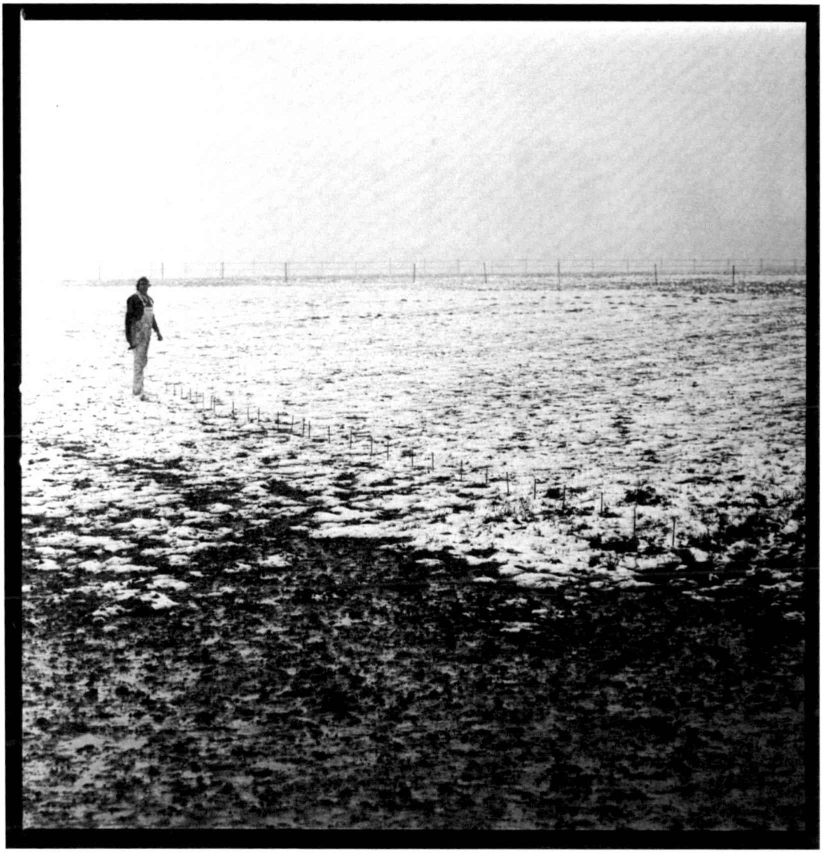

The perpetual rotation of *Sandmill* forms the grooves, erases them, forms them again, erases them. In these movements, the affinity with Daoism shines through: the material—hardly anything could be more mundane than sand lying on the ground—remains unaffected in its materiality. Furthermore, the essence of the *Sandmill* is not in its rotating action but can instead be found in the knotted rope ends, which themselves are merely being pulled. As a kinetic sculpture, the work operates within the play of reaction and re-reaction. All becomes one: the traces imprint themselves through a process of erasure. Sense-based body perception is manifested in *Sandmill,* insofar as the dividing line between what is given and what is one's own, between outside and inside, is 'liquefied.' The human body as well as human impulses can only be grasped in the context of their environment: everyday life is the determining factor. It forms man's biography; through routinized repetition, understood as an everyday practice, man orients himself and finds his way to himself.

The Vision Potential: *ziran*

Writing can be seen as an aspect of Uecker's artistic practice throughout his oeuvre. In his 1969 text, "Über Steine: Zum plastischen Werk von Rolf Jörres" ["On Stones: Concerning the Sculptural Work of Rolf Jörres"], Uecker reflects on the sculptures of his contemporary while at the same time articulating his own perspective, one which foregrounds the objecthood of being in its natural state. The works of sculptor Rolf Jörres, who was born in Essen in 1933, are characterized by his retention of the natural, original effect of the stone material. Uecker's reaction to the character of the stones in his colleague's work reads like a Daoist avowal:

"One cannot blame the stones for standing there so quietly; and for this reason I must talk about them. So take my words as superfluous.

Many stones come to us with various signs of wear. They are liable to be corroded and give to themselves a form. They let us feel time, the time that has gnawed at them.
One can leave the stones to themselves."[18]

Uecker addresses this particularity of Jörres' artworks—the way in which they transform the space between the objective existence of the stones—at the beginning of his text. The allure of these stone formations appears to lie, for Uecker, in a kind of otherness or foreignness that they possess, in their divergence from the logical thought found in the European cultural sphere with which he is familiar. Liberated from any functional context, the stones disclose their natural form to Uecker. They appear to him as things, specific objects that are neither standalone nor constructed, idealized images arising from one person's subjective expectations. To Uecker's eye, the stones exist for themselves. He sees them as embedded in their 'being-thus,' in a sphere beyond human grasp. It is not the artist who determines the form of the stone, but, rather, the natural elements, such as wind, sand, and rain, in conjunction with time. Nature has created these stones, the elements of which can be experienced in their raw presence.

The position Uecker has taken in relation to the stones resembles the principle of *ziran* from ancient Chinese Daoism. According to Günter Wohlfart, the property *ziran* may be translated "both as 'free' and 'voluntary' [...] or by 'Nature,' 'naturally formed,' 'natural.'"[19] In the Daoist sense, the term *ziran* denotes a "from-itself-thus"[20] and thus recalls Japanese Zen. The relationship between Japanese Zen and Chinese *ziran* has been the subject of extensive scholarship, as have the connections between *ziran* and the Japanese term *shizen*. Indeed, the Chinese term has been characterized by such scholars as Wohlfart as being "of crucial

[18] Günther Uecker, "Über Steine: Zum plastischen Werk von Rolf Jörres" (1969), in *Günther Uecker: Schriften: Gedichte, Projektbeschreibungen, Reflexionen*, ed. Stephan von Wiese (St. Gallen: Erker, 1979), 120.
[19] Wohlfart, *Der Philosophische Daoismus*, 103.
[20] Ibid., 93.

importance for Zen."[21] The term *shizen* is an old, primary word from the Sino-Japanese tradition. Its origins lie in Chinese philosophy, from out of which both Daoism and Zen Buddhism emerged in Japan.[22]

During a 1985 visit to the Ryōan-ji temple in Japan, Uecker was able to encounter *ziran* as mediated through Japanese Zen. There on the temple grounds he saw the Zen Buddhist garden, the so-called *kare-sansui* ["dry landscape"], which included a rock garden set in a gravel bed. Worked by a rake, the gravel allows the traces of the implement's tines to merge into one another in such a way that their structure reveals neither beginning nor end, just as Uecker's *Sandmill* creates its uninterrupted tracks. Uecker reports that he reflected during his visit upon the 'being present' of the small as well as the large stone in the minimalist Zen garden and, moreover, that he perceived this encounter as enabling a different way of seeing, a different perspective upon things. Byung-Chul Han, in his philosophical paper *The Philosophy of Zen Buddhism*, has described this type of seeing as "a way of seeing that is object-like, a seeing that is becoming object, a seeing that is letting-be, a *friendly* seeing."[23] Uecker described his experience during this first encounter with the dry garden landscape in Japan as being one of pure seeing, a seeing that was in relation to the moment and to the Here, an immersive seeing that was not distracted by the outside world or convention. This 'pure seeing' was an 'empty seeing.'

It is significant to this analysis that the structure of the relationships within which the stones are located, consisting of time (the moment) on the one hand and space (the spatial context) on the other, is generated by a pure seeing. This pure seeing opens up a perspective on both the stone itself and its temporal-spatial context. Only under these conditions can Uecker's specific perceptual consciousness be related to

[21] Ibid., 111.

[22] Cf. Rolf Elberfeld, *Philosophieren in einer globalisierten Welt: Wege zu einer transformativen Phänomenologie* (Freiburg/Munich: Karl Alber, 2017), 360. See also "Ziran—Von-Selbst-So: Konjekturen zu einer daoistischen Quelle des Zen," in Wohlfart, *Der Philosophische Daoismus*, 101–116.

[23] Byung-Chul Han, *The Philosophy of Zen Buddhism* (Cambridge: Polity Press, 2022), 29, translated by Daniel Steuer.

a perception of the primordial, original, and 'natural' that has entered into his working process. This perceptual consciousness is one reason that Uecker's aesthetic is so decidedly rooted in the inherent structures of materials and in the structural changes triggered by natural processes. This can already be sensed in Uecker's early work from the late 50s and early 60s, in works such as *Symmetrische Struktur* (*Symmetrical Structure*, 1959), *Atmende Volumen* (*Breathing Volumes*, 1962), as well as *Gewächskasten I* and *Gewächskasten II* (*Grow Box I and II*, 1962). Uecker's perceptual consciousness can be likened to what Byung-Chul Han elaborates in connection with the Zen Buddhist process of seeing:

"A thing must be seen in the way it sees itself. [...] We need to look at the water the way that water looks at water. Beholding most perfectly would mean the beholder becoming *water-like*. Perfect beholding sees water in its *being-thus*."[24]

It is crucial to Uecker's work processes that a structure of conscious seeing (here, specifically in relation to the stones) is formed, for the gaze is bound up with the space in which the stones are located.

In Uecker's text "On Stones," space and empty planes play an essential role: "I refer here to inarticulate space," the artist writes, continuing that, "in philosophy, this method is known as encirclement theory: to make perceptible that which cannot be expressed, I make the place visible through 'outlining.'"[25] In works such as *Das gelbe Bild* (*The Yellow Picture*, 1957/58), or *großes gelbes Bild* (*Large Yellow Picture*, 1992), Uecker allowed the treated canvas to become an object in space by means of the presence of a wreath of nails running around its perimeter. The nails that outline the works act to guide their reception, making it clear that these are not paintings in the traditional sense, but are, rather, objects that challenge the habitual ways of seeing works of art. The relief-like application of the monochrome yellow paint underscores the

[24] Ibid.
[25] Günther Uecker, "Über Steine: Zum plastischen Werk von Rolf Jörres," 121.

importance of structure in the work. Through the structural application of paint, the traces of the works' development are rendered perceptible and reveal how the artist and the material of paint become enmeshed in one another. As personal expression, handwriting, and ductus recede, the material structures of paint and canvas assert their significance. The transformative process of painting, as one of 'applying paint,' is a process of becoming. Via the artist's action, the paint material itself accrues its own presence. He executes his work as though the paint was applying itself to the canvas. The actor and his materials interpenetrate. Uecker's action occurs 'without thinking' and 'without intention,' in a gesture of *wuwei*, that particular mode of 'doing nothing,' whereby the independent nature of the material is brought forth as a form of reality.

Background for the Artistic Production

The method of reception that grew out of the Zen Buddhist dramaturgy of the 'dry landscape,' communicated to Uecker when he visited the Ryōan-ji temple complex in 1985, was neither the only nor the first impetus for the artist to establish his 'visionary seeing' of the 'thing in its being-thus' within his art practice. If one looks at his artistic development over time, such transformational processes can be found throughout his oeuvre. They reflect the changes that occurred in art over the course of the 20th century. In the early days of his creative activity, when he was still living in the GDR, Uecker initially devoted himself to figurative painting, followed by expressionist and expressionist-abstract phases of development. Since the 1950s, his work has increasingly shifted toward a kind of structural organization, in which rows and spirals dominate. Uecker himself emphasizes the artistic influence of Unism, which was co-developed by the Polish artist Władysław Strzemiński (1893–1952) along with his wife and fellow artist, Katarzyna Kobro (1898–1951). In a conversation with the photographer Hilla Becher and museum director

Marion Ackermann, Uecker stated that he felt a strong aesthetic connection to Strzemiński's work.[26]

Strzemiński largely abandoned composition and construction in his works in order to be able to bring his own structures to the fore. His idea was to concretize works of art according to their own structure. It was not only the aesthetic approach of contemporary European art history that provided the essential impetus for this. Another driving force was the socio-political developments of the 1920s, which prompted Strzemiński to rethink the approaches of Russian Suprematism and to define a new 'image zone.' In it, an understanding of art that was both independent of society and oriented towards the future could be reconciled. It was an image zone in which hierarchies, as well as valuations and devaluations, would no longer exist. Uecker has stated that his work did not derive directly from Strzemiński's, but that he felt strengthened and confirmed by it.[27] "In Strzemiński's paintings, one can perceive color tone structures, free of any symbolism; these paintings dissolve boundaries and open up a new world of imagination," Uecker wrote of Strzemiński's approach.[28]

Since the 1950s, Uecker's artistic work has pursued structural development. The artworks were no longer designed according to idealized compositions. At a time when many artists were concerned with such questions as 'What can art do in relation to society?' or 'How can art make reality visually tangible?', the structures in Uecker's works developed out of their material properties. This was also the period when the nail appeared in Uecker's works as the central organizing element in his practice. The nail was not only a way of repurposing an everyday object, whose function everyone knew, into a material, but could also be used as a means of foregrounding spatial, concrete structures and

[26] See Günther Uecker in conversation with Hilla Becher and Marion Ackermann (2014), in *Uecker*, ed. Gabriele Lauser (Berlin: Kunstsammlung Nordrhein-Westfalen, 2015), n.p.

[27] Cf. Dieter Honisch, "Zum Strukturbegriff von Günther Uecker," (1974) in ibid., *Texte: Mit einem Gruß von Günther Uecker* (Ostfildern-Ruit/Stuttgart: Edition Cantz, 1992), 503.

[28] Günther Uecker, cited in *Günther Uecker: Kann Fruchtbarkeit auf Asche gründen* (Munich: Walter Storms, 1990), 28.

accentuating the significance of space through fields. The nail arrangements are a material-based response to the illusionism of painting, which struck Uecker as a kind of fraud.[29] A 'materialistic' structure, conversely, is based in the space surrounding it, the real space, one in which the relations of light and shadow, silence and rhythm, and emptiness and fullness matter. The nail as artistic element made a transcendent transformation possible, through which Uecker's work could move beyond the boundaries of lived reality. Uecker liberates the nail from its existence as a utilitarian object, transforming it into an artistic element he can ultimately utilize to make structures appear. Here, art is liberated from its role as a means of individual artistic expression and becomes autonomous.

In 1965, the Swiss architect and artist Max Bill (1908–1994) addressed this new approach to art in his essay "Structure as Art? Art as Structure?," arguing that structure could and should make "materials in their 'natural' condition, individually interpreted" both visible and tangible.[30] He continues:

> "This means that art can originate only when and because individual expression and personal invention subsume themselves under the principle of order of the structure and derive from it a new lawfulness and new formal possibilities."[31]

In the 1960s, during his time as part of the ZERO group, Uecker, together with the artists Otto Piene and Heinz Mack, proclaimed a 'zero hour' for the visual arts. This would be a second 'zero hour,' after the caesura of the Second World War. The ZERO artists sought new principles of order through experiments with material. Within this programmatic de-

[29] See Günther Uecker in conversation with Christian Lund, December 2014. Louisiana Museum of Modern Art, "Günther Uecker Interview: Poetry Made with a Hammer," June 13, 2017, video, https://www.youtube.com/watch?v=MPH7XSsK3SY, 04:48 [accessed March 1, 2023].

[30] Max Bill, "Structure as Art? Art as Structure?," in *Structure in Art and in Science*, ed. Gyorgy Kepes, Vision + Value Series (New York: George Braziller, 1965), 150.

[31] Ibid.

velopment, Uecker focused on the inherent structures of natural materials. His "membership" in the ZERO initiative lasted five years, from 1961 to 1966, and influenced his way of seeing, whereby, as in a form of *ziran*, nothing would be imposed on the artistic material from the outside anymore and the work would develop from out of the material.

Uecker revealed yet another connection essential to understanding his structural works when he pointed out his acquaintance with the Gutai group,[32] which was founded in December 1954 in the Japanese port city of Osaka and whose members were active under that name until 1965. Three months after its founding, four Japanese artists who had previously belonged to the ZERO group joined Gutai. As a result, an intensive exchange developed between the two groups and Uecker, when he joined ZERO in 1961, also had the opportunity to become personally acquainted with the Japanese artists and their avant-garde ideas. Through this direct encounter with the Gutai group and its members' Eastern intellectual framework, Uecker's views on spiritual matters were also widened.[33]

For the Gutai artists as well, the autonomy of materials played a central role. This idea comes through clearly in the Gutai Manifesto, written by Jirō Yoshihara:

"[...] Gutai art does not alter matter. Gutai art imparts life to matter. Gutai art does not distort matter. In Gutai art, the human spirit and matter shake hands with each other while keeping their distance. Matter never compromises itself with the spirit; the spirit never dominates matter."[34]

Even though Yoshihara proclaimed the independence of Gutai art from traditional Japanese art, one can see an indirect link between

[32] Günther Uecker in conversation with the author, September 21, 2017.

[33] See Xiao Xiao, "Philosophie und Künste Ostasiens im Werk von Günther Uecker," Weilerswist-Metternich: v. Hase & Koehler, 2023, 11.

[34] Jirō Yoshihara, *Gutai Manifesto*. Originally published as "Gutai bijutsu sengen," *Geijutsu Shinchō 7*, no. 12 (December 1956), 202–04, translated by Reiko Tomii.

Zen-influenced traditional art in Japan and the group, especially in the latter's views on materiality. The Gutai members' creative focus was on engaging with the world of things, primarily everyday things. This focus on specific materials and materiality is also central to Uecker's approach: through his engagement with structure in his artistic practice, he renders the physicality of materials distinctly visible, perceptible, and tangible. Uecker's structural works can be understood essentially as dialogues between objectively graspable structures and the subjective perception of them. Dieter Honisch summarized this succinctly when he wrote that "among the ZERO people (Heinz Mack and Otto Piene), Uecker still has the most structure today."[35]

Following his ZERO period, Uecker experimented primarily with developing his concept of structure. He liberated the structures of the two-dimensional picture plane and allowed them to expand into three-dimensional space. This pursuit of structure, which led outward into space, is particularly evident in the aforementioned work *Das gelbe Bild*. It reveals how the artist's method and the paint material merge into one another without his intervention in the autonomy of the latter.[36] For Uecker, as Honisch mentions, a picture, a work, an object, or a thing is "only a detail of the world."[37] The conscious "seeing into an entity,"[38] without intentionally changing its unity, corresponds to the universal way of looking found in *wuwei* and *ziran*. Here, human impulses and perceptions are closely associated with natural spaces. The individual and the whole are not opposites of each other, since, according to the Daoist understanding, the individual and the whole influence each other. The universal observational approach of *wuwei ziran* suggests that the individual should always be considered in the context of their specific spatial environment. The individual links and unifies those polarities that at first

[35] Honisch, "Zum Strukturbegriff von Günther Uecker," 503.
[36] Wohlfart, *Der Philosophische Daoismus*, 92.
[37] Honisch, "Zum Strukturbegriff von Günther Uecker," 506.
[38] Ibid.

sight seem to be independent of each other. Seen in this way, human impulses and perceptions are closely connected with the environment and with the spaces that environment surrounds people with.

The fundamental experience that Uecker had in the ancient Zen Buddhist temple garden, one which, however, also resonated earlier in his thought that "one can leave the stones to themselves,"[39] as well as the concept of structure he developed, in accordance with the ordering principle of vision, to further transform what is seen and perceived, inform Uecker's works: "Thus the stone served as the image of human ideas."[40] The stone is no longer apparently inanimate material whose function is to be built with. Such an understanding struck Uecker as too narrow. The expression of the stone itself, one shaped by sea, by sand, by rain, and by wind in a temporal flux, could, Uecker stated, "be compared to the psychological characteristics of people."[41] In Uecker's vision, the dual nature of things is clear. One part concerns the structural significance of the natural material; the second, the psychological state of mind that the artist—or a mere human being—has and that is reflected in the structure as material.

[39] Uecker, "Über Steine: Zum plastischen Werk von Rolf Jörres," 121.
[40] Ibid.
[41] Ibid., 120.

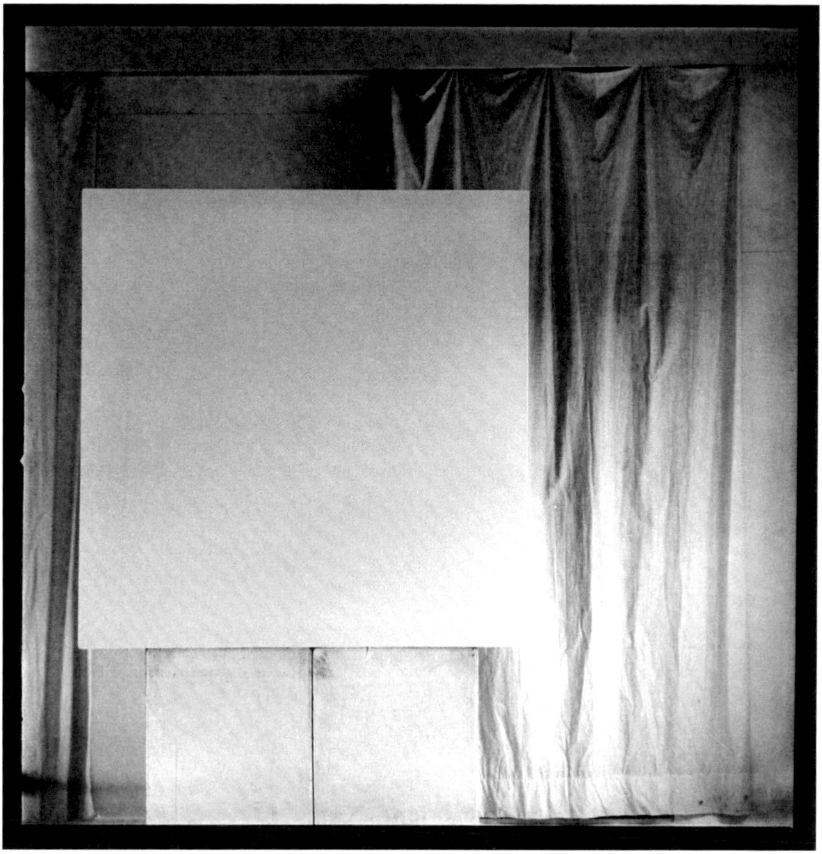

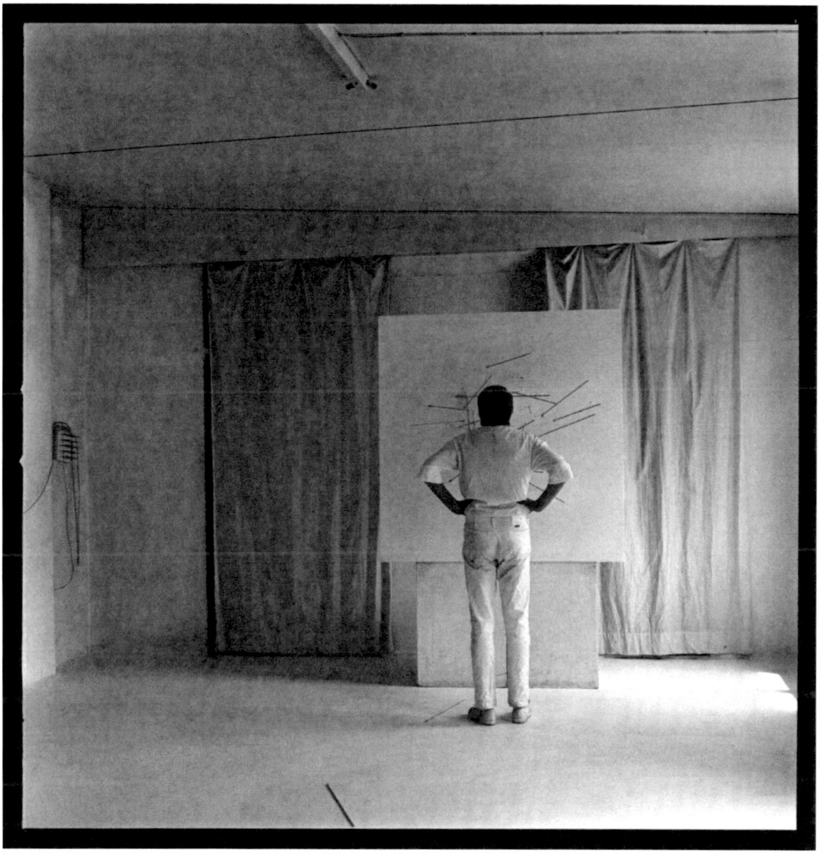

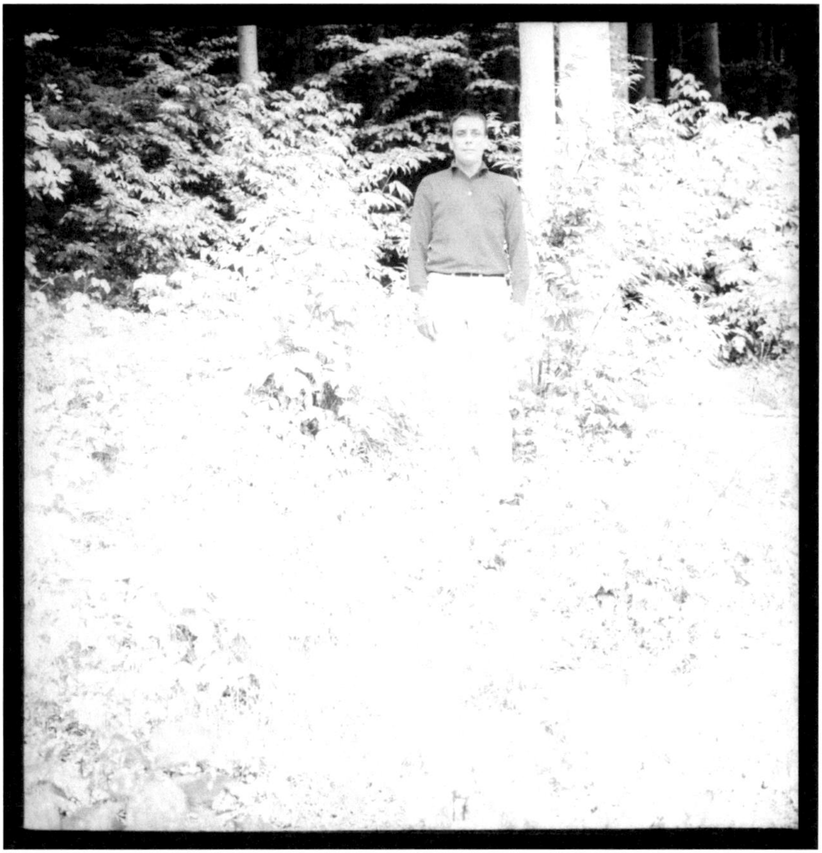

Antoon Melissen

Künstlerische Prämissen, kreativer Austausch

Lothar Wolleh als Fotograf der Aktionen von Günther Uecker

Es ist ein eigenwilliges Werk aus der Sammlung des Staatlichen Museums Schwerin: ein fotografisches Porträt von Günther Uecker, gespickt mit Nägeln. Der Fotograf Lothar Wolleh (1930–1979) nahm jenes Bild im charakteristischen quadratischen Format der Hasselblad-Kamera im Jahr 1963 auf. Noch im selben Jahr versah Uecker dann die gesamte Vorderseite der Fotografie mit Nägeln, die vom Bildgrund abstehen. Eine sinnstiftende künstlerische Intervention auf unterschiedlichen Ebenen, die zu etwas Neuem führte – und zu einer Neubezeichnung des Porträts als *Selbstporträt*, wobei Uecker mit diesem Titel den Beitrag des Fotografen keineswegs negierte, sondern ihn neu bestimmte – und instrumentalisierte.

Diese frühe künstlerische Arbeit kann als Pars pro Toto für die ergebnisreiche Verbindung zwischen Günther Uecker und Lothar Wolleh gelten. Unterschiedliche Unternehmungen führten die beiden Künstler Anfang der 1960er-Jahre zusammen. Aus der Freundschaft und den gemeinsamen künstlerischen Prämissen resultierten Porträts, Atelier- und Ausstellungsfotografien sowie gemeinsam publizierte Künstlerbücher und Editionen. Innerhalb von Günther Ueckers Werkkomplex *Künstlerische Handlungen* verdienen die von Lothar Wolleh fotografierten Aktionen – darunter z. B. *Sandmensch* (1970), *Beschießung des Meeres mit Feuerpfeilen* (1970) und *Äquatorlinie* (1971) – besondere Aufmerksamkeit.

Die Betonung liegt bei diesen Aktionen auf dem ephemeren, performativen Charakter der Handlung selbst; letztlich hat kein ‚Objekt', sei es als autonomes Kunstwerk oder ‚Relikt', diese Aktionen überdauert. Und genau das verleiht Wollehs Fotografie ihren besonderen Stellenwert. Fotografie gibt uns festen Boden unter den Füßen, könnte man sagen: Dank des dokumentarischen Charakters des festgehaltenen Augenblicks bekommen wir *ex post facto* eine Vorstellung vom Arbeitsprozess und der Dramaturgie der Aktion. Bei näherer Betrachtung der vielschichtigen fotografischen Arbeit von Lothar Wolleh lässt sich die Annahme, dass die Bilder lediglich einen ‚indikativen' und dokumentarischen Charakter haben würden, jedoch kaum halten. Zwei Aspekte sind in dieser Hinsicht von besonderer Bedeutung: der strategische Einsatz der Bilder, den Günther Uecker im Sinn hatte – und den Wolleh unterstützte –, und die eigene künstlerische Auffassung des Fotografen.

Kunst ist öffentlich

Die von Lothar Wolleh fotografierten Aktionen fanden in Abwesenheit eines Publikums statt. Dass sich diese Aktionen mit ihrem scheinbar privaten Charakter dennoch nicht von denen im öffentlichen Raum unterscheiden, liegt in Ueckers inklusivem Kunstbegriff begründet: „Privat gibt es in dem Sinn nicht, denn der Künstler ist öffentlich."[1]

Zu Beginn der 1960er-Jahre durchbrachen Kunstschaffende gewissermaßen die vier Wände ihrer Ateliers. Das Verhältnis von Kunst und Wirklichkeit wurde auf den Kopf gestellt: Die ‚Welt' wurde zum Labor, zur Bühne und zum Spielplatz, Zuschauer*innen zu Teilhabenden an einem bild- oder sinngebenden Prozess. In diesem Kontext entstanden die ersten Aktionen von Günther Uecker, teils mit, teils ohne Publikum. Künstler*innen beschäftigten sich zunehmend mit der Frage, wie ihre Ideen kommunizierbar würden, und immer häufiger nahmen sie diese Angelegenheit selbst in die Hand. Mit Manifesten, eigens initiierten Publikationen und Ausstellungen positionierten sich die Kunstschaffenden als

[1] Günther Uecker in einem Interview mit Katrin Salwig: Katrin Salwig: „Die Aktionen von Günther Uecker", in: Klaus Gereon Beuckers (Hg.): *Günther Uecker: Die Aktionen*, Petersberg 2004, S. 39–120, hier S. 118.

Kurator*innen und Kommunikator*innen.[2] Allianzen mit Filmschaffenden und Fotografen – Reiner Ruthenbeck, Gerry Schum, Manfred Tischer, Gerd Winkler und Lothar Wolleh – waren dabei strategisch bedeutsam.

Die Instrumentalisierung des fotografischen Bildes – der gezielte Einsatz, der Aspekt von „Propaganda", wie Uecker es nannte[3] – war ein wichtiger Beweggrund für Ueckers Zusammenarbeit mit Lothar Wolleh. Dabei spielt auch Günther Ueckers Herkunft aus Ostdeutschland eine wichtige Rolle. So lässt sich die Aktion als Umsetzung einer manifesten, öffentlichen Position mit der ‚Agitationspropaganda' (Agitprop), verstanden als forcierte, gezielte Verbreitung von Ideen, in Verbindung bringen. Für Lothar Wolleh ist ohne Frage bezeichnend, dass er als gefeierter Werbefotograf am Schnittpunkt zweier Welten stand. Von dem Augenblick an, als er mit führenden deutschen Werbeagenturen zusammenarbeitete, suchte er als selbständiger Fotograf Kontakt zu Künstler*innen aus avantgardistischen Zirkeln. Die frühesten Porträtfotos von Günther Uecker hat Wolleh, wie das bereits erwähnte, im Jahr 1963 aufgenommen. Bis zu seinem Tod 1979 porträtierte Wolleh über 160 Künstler*innen, und die daraus entstandenen Verbindungen führten nicht selten zu gemeinsam konzipierten Künstlerbüchern, Editionen und Gemeinschaftsarbeiten.

Die Zusammenarbeit von Lothar Wolleh und Günther Uecker war besonders ergiebig. 1971 erschien ihr Künstlerbuch *Uecker: Eine Dokumentation von Lothar Wolleh* (auch ‚Das Nagelbuch' genannt), das aus Fotografien von Wolleh und grafischen Arbeiten und Texten von Uecker besteht und in einer mit einem Nagel durchbohrten Kassette herausgegeben wurde. Ein weiteres gemeinsames Projekt ist *Zum Schweigen der Schrift oder die Sprachlosigkeit* (1978/79), bei dem Wollehs Fotografien von Uecker händisch bearbeitet und als Edition in einer Klappkassette veröffentlicht wurden. Es ist diese ‚Dreistufenrakete' – die Kombination

[2] Für eine Untersuchung dieser Entwicklung siehe: Tiziana Caianiello/Mattijs Visser (Hg.): *The Artist as Curator: Collaborative Initiatives in the International ZERO Movement 1957–1967*, Düsseldorf/Gent 2016.

[3] Vgl. Günther Uecker, in: Salwig 2004, S. 118.

von Fotografie, Text und Kunstwerk –, die für viele der Projekte von Lothar Wolleh kennzeichnend ist. Unter den Kunstschaffenden, so der niederländische Künstlerund Mitglied der Nul-groep Jan Henderikse (geb. 1937), gab es plötzlich „[...] eine gewisse Aufregung. Wolleh war in der Welt der Werbung zu Hause, und die Idee, für die eigene Arbeit Propaganda zu machen, gefiel uns sehr!“[4]

Da die physische Anwesenheit eines Publikums keine Voraussetzung war, war für Günther Uecker eine kommunikative Verbindung zu den Betrachter*innen umso wichtiger. Dieses Kommunizieren, den Brückenschlag zwischen Kunst und Welt, beschrieb er 2003 als „[d]as Durchdringen von Trivialbereich und Kunst.“[5] Und genau in dieser Formulierung – das Durchdringen, die Übermittlung einer Aussage, die Suche nach Verbindung – wird der instrumentelle Beitrag des Fotografen im Rahmen der Aktionen deutlich.

Bereits 1961 war Ueckers Aktion mit ihrem Element des Einbezugs der augenfälligste und kommunikativste Beitrag der Veranstaltung *ZERO – Edition, Exposition, Demonstration* in und vor der Düsseldorfer Galerie von Alfred Schmela.[6] Mit dieser Aktion übertrug Uecker die künstlerische Konzeption von ZERO in den öffentlichen Raum – eine innovative Erweiterung für ZERO, die in den folgenden Jahren vielfach wiederholt werden sollte. Das Ereignis wurde von Manfred Tischer und Reiner Ruthenbeck dokumentiert, und man kann sich fragen: War dies der Augenblick, in dem Uecker erkannte, wie wertvoll die Instrumentalisierung des fotografischen Bildes als Ausdruck und Bestandteil seiner ‚künstlerischen Handlungen‘ sein konnte?

[4] Jan Henderikse im Gespräch mit dem Autor, 1. Juli 2022 [eigene Übersetzung].

[5] Salwig 2004, S. 118.

[6] Die drei Ausgaben der Zeitschrift ZERO erschienen unter der Herausgeberschaft von Heinz Mack und Otto Piene (April 1958, Oktober 1958 und Juli 1961). Die ersten beiden Ausgaben begleiteten die 7. und 8. der sogenannten *Abendausstellungen* mit den Titeln *Das rote Bild* und *Vibration*, die in Macks und Pienes Düsseldorfer Atelier stattfanden, während die dritte Ausgabe mit dem Titel *ZERO – Edition, Exposition, Demonstration* anlässlich der gleichnamigen Veranstaltung in der Galerie Schmela erschien.

Gemeinsame Prämissen

So oder so wird es nicht nur Wollehs Verbindung zur Werbefotografie gewesen sein, die die Phantasie angeregt hat. Seine künstlerische Konzeption und seine unverwechselbare Bildsprache sind schließlich ebenfalls Teil der Kommunikation und Darstellung. Fotografisches Experimentieren ist dabei eines der wichtigsten Prinzipien in Lothar Wollehs Arbeit, durch die sie sich deutlich von der Dokumentarfotografie abhebt. Diese Experimentierfreudigkeit war das wichtigste Erbe, das Wolleh von Otto Steinert (1915–1978), seinem Professor an der berühmten Folkwangschule für Gestaltung in Essen, mitbekommen hatte. Wolleh gehörte zur ersten Generation von Nachkriegsstudent*innen, denen die Fotografie als vollwertige künstlerische Disziplin nahegebracht wurde. Steinert suchte nach konzeptionell verwertbaren Motiven und knüpfte dabei an Experimente der Pionier*innen der Zwischenkriegszeit an, vor allem jener der Neuen Sachlichkeit und des Neuen Sehens. Die Studierenden wurden ermutigt, mit Über- und Unterbelichtungen, mit Tiefenschärfekontrasten, Spiegelungen und entschiedenen Kompositionen zu experimentieren. Eine Fotografie sollte nicht nur dokumentarisch sein, sondern der Darstellung einer Idee, einer Sichtweise dienen.

Es ließe sich einwenden, dass eine derart eigenständige Fotografie im Widerspruch zum autonomen Status der Aktionen steht, dass also die Konzeption des Fotografen keinen ‚Mehrwert' haben sollte. Im Falle der fotografisch festgehaltenen Aktionen waren es jedoch gerade die gemeinsamen Prämissen, die eine Zusammenarbeit überhaupt erst ermöglicht haben, ohne dabei die Eigenständigkeit der Kunstwerke zu gefährden.

Sucht man nach verbindenden Elementen, so stößt man schnell auf eine gemeinsame Faszination für das Licht. Licht und die Nichtfarbe Weiß hatten für viele Künstler*innen nach dem Zweiten Weltkrieg, nach Jahren der Hoffnungslosigkeit und Dunkelheit, einen wichtigen symbolischen Wert. In dieser Hinsicht war auch Lothar Wollehs persönliche Geschichte prägend für seinen künstlerischen Umgang mit Licht. Nach dem

Zweiten Weltkrieg und der Teilung Berlins wurde Wolleh im Jahr 1951 zur Zwangsarbeit in den sibirischen Kohleminen verurteilt.[7] Diese Jahre der Dunkelheit, des ‚Lebens unter Tage' und seine Faszination für die Polarlichter haben ihn nach eigenen Angaben zur Fotografie gebracht.[8] An diesem Punkt, in den Darstellungsqualitäten von Licht und seinem Verwandlungspotenzial fanden die Künstler zueinander. Dass Wolleh, wie Heinz Mack es ausdrückte, durch ZERO ‚lichtempfindlich' gemacht worden sei, spielt sicher ebenfalls eine Rolle.[9] Und auch wenn Günther Uecker seine ZERO-Jahre als ein kurzes Kapitel betrachtet, haben die erwähnten Aspekte auch für ihn ihre Bedeutung behalten.

Im Archiv von Lothar Wolleh finden sich einige seltsame Fotografien. Vor dem grauen, dunklen Hintergrund einer Kohlegrube im Ruhrgebiet sehen wir Uecker und Wolleh als Bergleute voller Kohlenstaub. Sie hatten sich gemeinsam auf ein Abenteuer begeben, wie die Fotografien dokumentieren. Für beide Künstler ist die symbolische Bedeutung dieses Unterfangens kaum zu überschätzen, und hier finden sich Schnittmengen, die auf eine gemeinsame Haltung verweisen.[10] Die Intention, sich auf die Wirklichkeit, auf die konkrete Welt der arbeitenden, fühlenden und denkenden Menschen zu beziehen, war ein Leitmotiv für Lothar Wollehs Fotografie. Für Günther Uecker, der ebenfalls die Werkprozesse und seine Arbeit im Atelier als Teil seines ‚künstlerischen Handelns' betrachtet, war der Abstieg in die Minen ebenfalls Ausdruck einer künstlerischen Konzeption – einer Konzeption, die sich von der formalistischen, idealis-

[7] Wolleh kehrte 1956 nach Berlin zurück, nachdem Bundeskanzler Konrad Adenauer erfolgreich Verhandlungen über die Entlassung deutscher Kriegsgefangener geführt hatte.

[8] Eine Analyse von Wollehs Fotografie im Zusammenhang mit seiner Biografie findet sich in: Antoon Melissen (Hg.): *Joseph Beuys – Lothar Wolleh: Das Unterwasserbuch-Projekt*, Berlin/Bielefeld 2021.

[9] Heinz Mack im Gespräch mit dem Autor, 6. November 2019.

[10] Als Uecker 2003 über die Wahrnehmung und Bedeutung seiner *Künstlerischen Handlungen* sprach, bezog er sich auf Bergarbeiter: „Sie zeigten, dass sie das, was ich mache, sehr gut verstehen könnten. Man kann es vergleichen mit der Lichtwahrnehmung, die eine ganz eigenartige ist, wenn sie aus dem Dunkel der Erde kommen." Salwig 2004, S. 116.

tischen oder intellektuellen ‚Stimmung' einer konventionellen Ausstellung unterscheidet.

Lothar Wollehs Fotografien von Ueckers Aktionen offenbaren eine geteilte, komplexe Vorstellung von Dokumentation und Öffentlichkeit, ohne das Künstlerische im Prozess zu opfern. Sie zeugen von der reinen Freude am kreativen Austausch, von gegenseitigem Vertrauen und Respekt und, was vielleicht eine der wichtigsten Gemeinsamkeiten ist: von der Idee, dass ein Kunstwerk nicht ausschließlich durch eine einzige, greifbare und ‚begrenzte' Bezeichnung erfasst werden kann.

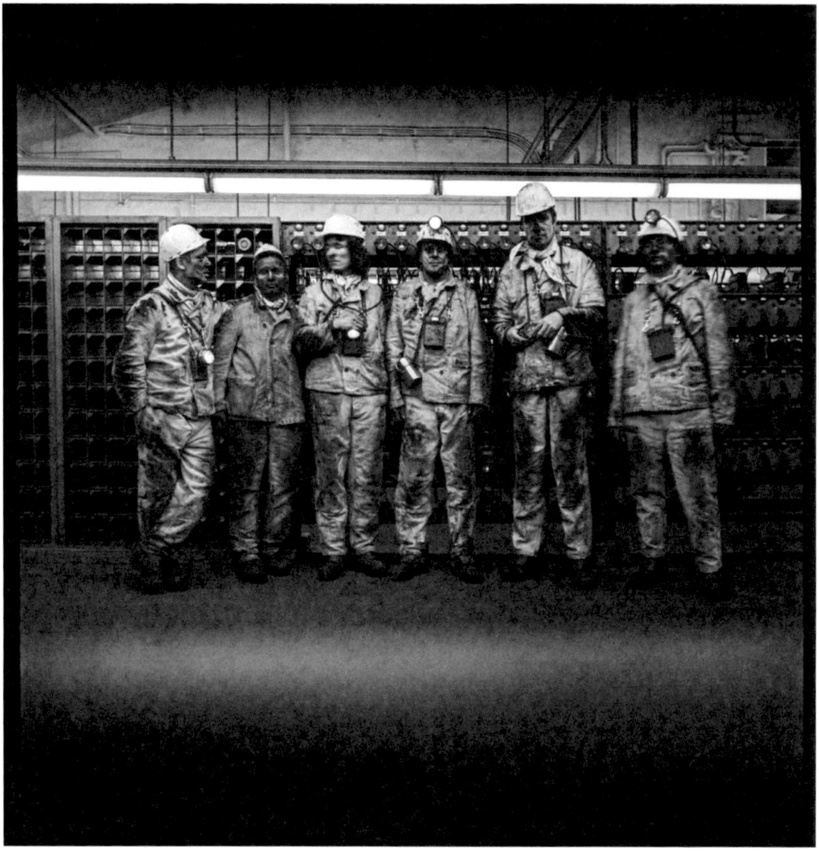

Antoon Melissen

Artistic Premises, Creative Exchanges

Lothar Wolleh as Photographer of Günther Uecker's *Aktionen*

It is an idiosyncratic work from the collection of the Staatliches Museum Schwerin: a photo portrait of Günther Uecker bristling with nails. Photographer Lothar Wolleh (1930–1979) took the picture in 1963, in his characteristic square Hasselblad camera format. Later that same year, Uecker covered the entire surface of this photo with protruding nails. A meaningful, artistic intervention on a number of levels that resulted in a new reality—and in a new title: *Selbstportrait*—which in no way erased, but instead redefined—and instrumentalized—the photographer's contribution.

It is this early work that we might view as a *pars pro toto* for the fruitful association between Günther Uecker and Lothar Wolleh. Activities of various forms and kinds brought the two artists together in the early 1960s. Their friendship and shared artistic premises resulted in portraits, studio and exhibition photos, and the publication of cooperative artist's books and editions. Within Günther Uecker's work complex of *Künstlerische Handlungen (Artistic Actions)*, the *Aktionen* photographed by Lothar Wolleh, including *Sandmensch (Sand Man*, 1970), *Beschießung des Meeres mit Feuerpfeilen (Shooting at the Sea with Flaming Arrows*, 1970), and *Äquatorlinie (Equator Line*, 1971), merit particular attention.

The emphasis in these *Aktionen* lies on the ephemeral, performative character of the action; there is, after all, no 'object' that endures as an autonomous work of art or 'relic' of the *Aktion*. And it is precisely this that lends Wolleh's photography a unique status. Photography offers us a foothold, we might say: thanks to the documentary character of the recorded moment, we are able to form an idea, *ex post facto*, of the work process and dramaturgy of the *Aktion*. However, when we examine

Lothar Wolleh's complex photographic work, it seems scarcely tenable that the images are of a merely 'indicative' and documentary nature. Two elements are significant here: the strategic application of the images that Günther Uecker sought to achieve—and that Wolleh acknowledged—and the photographer's own artistic conception.

Art Is Public

The *Aktionen* photographed by Lothar Wolleh took place without the presence of an audience. The idea that this ostensibly private character does not set them apart from those in a more public setting is underscored by Uecker's inclusive concept of art: "There is no such thing as private, because the artist is public."[1]

At the beginning of the 1960s, artists were breaching the four walls of their studios. The relationship between art and reality had to be upended; the 'world' became a laboratory, stage, and playground, with spectators as participants in an image- or meaning-forming process. This is the context in which Günther Uecker's earliest *Aktionen* came into being, although they took place, as often as not, without an audience. Artists increasingly concerned themselves with how their ideas were communicated, and more and more often they took personal charge of this. With manifestos, self-initiated publications, and exhibitions, artists positioned themselves as curators and communicators.[2] Alliances with filmmakers and photographers—Reiner Ruthenbeck, Gerry Schum, Manfred Tischer, Gerd Winkler, and Lothar Wolleh—were of strategic importance in this.

[1] "Privat gibt es in dem Sinn nicht, denn der Künstler ist öffentlich." Günther Uecker in an interview with Katrin Salwig. Katrin Salwig, "Die Aktionen von Günther Uecker," in *Günther Uecker: Die Aktionen*, ed. Klaus Gereon Beuckers (Petersberg: Imhof Verlag, 2004), 118.

[2] For an analysis of this evolution, see *The Artist as Curator: Collaborative Initiatives in the International ZERO Movement 1957–1967*, eds. Tiziana Caianiello & Mattijs Visser (Düsseldorf/Ghent: Mer. Paper Kunsthalle, 2016).

The instrumentalization of the photographic image—the targeted application, the aspect of "propaganda," as Uecker called it[3]—was an important motivation for his collaboration with Lothar Wolleh. Günther Uecker's place of origin, the former East Germany, also plays a significant role in this. The *Aktion* as the application of a manifest, public position can be linked to 'agitation propaganda,' a collective term for a powerful, intentional dissemination of ideas. It is certainly significant here that, as a celebrated advertising photographer, Lothar Wolleh stood at the intersection of two worlds. From the moment he partnered with leading German advertising agencies, he also sought connections as an autonomous photographer with artists from avant-garde circles. The earliest portrait photos of Günther Uecker were taken by Wolleh as early as 1963. By the time of his death in 1979, Wolleh had portrayed over 160 artists, and these contacts often led to jointly conceived artist's books, editions, and collaborative works.

Lothar Wolleh's collaboration with Günther Uecker was particularly fruitful. In 1971, the artist's book *Günther Uecker: Eine Dokumentation von Lothar Wolleh* (dubbed *Das Nagelbuch*, "The Nail Book"), consisting of Wolleh's photographs with graphic works and texts by Uecker, was published encased in a nail-pierced case. Another joint project is *Zum Schweigen der Schrift oder die Sprachlosigkeit (On the Silence of Writing, or Speechlessness*, 1978–79), in which Wolleh's photography was modified by hand by Uecker, and then published as an edition in a solander box. It is this 'three-stage rocket,' the combination of photography, text, and artwork, that typifies so many of Lothar Wolleh's projects. Among artists, the Dutch Nul Group member Jan Henderikse (b. 1937) argues, there was "[...] a kind of buzz. Wolleh was at home in the world of advertising, and we quite liked the idea of propaganda for your own work!"[4]

[3] Cf. Günther Uecker in Salwig, *Günther Uecker: Die Aktionen*, 118.
[4] Jan Henderikse in conversation with the author, July 1, 2022.

While the physical presence of an audience was never a prerequisite, for Günther Uecker a communicative connection was all the more crucial. He described this communication, the bridging between art and world, in 2003 as, “the interpenetration of the trivial realm and art.”[5] And it is precisely in this formulation—penetration, the conveying of a message, the search for connection—that we recognize the instrumental contribution of the photographer within the context of the *Aktionen*.

Several years earlier, in 1961, the element of Uecker’s *Aktion* was one of the most eye-catching—and communicative—contributions to the event *ZERO: Edition, Exposition, Demonstration*, inside and in front of Alfred Schmela’s Düsseldorf gallery.[6] With this public *Aktion*, Uecker transposed the artistic conception of ZERO to the public domain—an innovative component of ZERO that would be widely replicated in the years that followed. The event was documented by Manfred Tischer and Reiner Ruthenbeck, and we may well wonder: was this the moment when Uecker realized how valuable the instrumentalization of the photographic image could be as expression and component of his “artistic actions”?

Shared Premises

And yet it will not have been only Wolleh’s connection to the domain of advertising photography that appealed to the imagination. His artistic conception—his distinctive visual idiom—also contributes, after all, to communication and representation. Photographic experimentation is one of the principal underpinnings of Lothar Wolleh’s work, and this

[5] “Das Durchdringen von Trivialbereich und Kunst.” Salwig, *Günther Uecker: Die Aktionen*, 118.

[6] Three issues of the journal *ZERO* were published under the editorship of Heinz Mack and Otto Piene (April, 1958; October, 1958; and July 1961). The first two accompanied the *Abendausstellungen* (evening exhibitions) entitled *Das rote Bild* (*The Red Picture*) and *Vibration*, organized in their Düsseldorf studio, while the third was *ZERO: Edition, Exposition, Demonstration* on the occasion of the event at Galerie Schmela.

clearly sets his work apart from documentary photography. This love of experimentation was the most significant legacy of Otto Steinert (1915–1978), Wolleh's professor at art school, the famed Folkwangschule für Gestaltung in Essen. Wolleh was part of the first generation of post-war students to be introduced to photography as a full-fledged artistic discipline. Steinert searched for conceptually usable motifs, harking back to the experiments of pioneers of the interwar period, of the Neue Sachlichkeit (New Objectivity) and Das Neue Sehen (New Vision) movements. Students were encouraged to experiment with over- and underexposures, with depth of field contrasts, reflections, and explicit compositions. A photograph was not to be merely documentary, but served to represent an idea, a point of view.

We might argue that photography of such a distinct nature is at odds with the autonomous status of the *Aktionen*; that, in other words, the photographer's conception should not be allowed to be of 'added value.' In the case of the photographed *Aktionen*, however, shared premises were precisely what made a collaboration possible, without compromising the autonomy of the works of art.

If we look for connecting elements, we quickly arrive at a shared fascination with light. Light and the 'non-color' white held an important symbolic value for many post-Second World War artists, after years of hopelessness and darkness. In this regard, Lothar Wolleh's personal history was equally formative for his artistic practice. In the wake of the Second World War and the partitioning of Berlin, Wolleh was sentenced in 1951 to forced labor in the Siberian coal mines.[7] These years of darkness, of "living underground," and his fascination with the polar lights are what, by his own account, brought him to photography.[8] The artists found each other here, in the representational qualities of light and its

[7] Wolleh returned to Berlin in 1956, following successful negotiations by chancellor Konrad Adenauer for the release of German prisoners of war.

[8] An analysis of Wolleh's photography, in connection with his biography, can be found in *Joseph Beuys—Lothar Wolleh: The Unterwasserbuch Project*, ed. Antoon Melissen (Berlin/Bielefeld: Kerber Verlag, 2021).

transformational potential. The fact that Wolleh, according to Heinz Mack, was sensitized by ZERO, certainly plays a part.[9] And while Günther Uecker considers his ZERO years as a brief chapter, these aspects retained their significance for him as well.

Lothar Wolleh's archives include a series of curious photos. In the grey, dark setting of the coal mines of the Ruhr area, we see Uecker and Wolleh as colliers, grey from the coal dust. It was an adventure that they went on together, and that was documented in photographs. For both artists, the symbolic significance of this undertaking cannot be easily overestimated, and it is here that we find intersections that point to a shared attitude.[10] Wanting to relate to reality, to the concrete world of working, feeling, and thinking human beings: that was a guiding principle for Lothar Wolleh's photography. For Günther Uecker, who also considers the work process and the studio practice as part of his "artistic actions," the descent into the mines was equally the expression of an artistic conception—a conception that is distinct from the formalistic, idealistic, or intellectual 'setting of the tone' of a conventional exhibition.

Lothar Wolleh's photos of Uecker's *Aktionen* reveal the artists' shared, sophisticated vision of documentation and publicity, without sacrificing the artistic element in the process. They attest to the pure pleasure of creative exchange, to a mutual trust and respect, and, in what may be seen as one of their most important commonalities, to the idea that a work of art cannot be captured exclusively by a single, tangible, and 'finite' label.

[9] Heinz Mack in conversation with the author, November 6, 2019.

[10] When Uecker discussed the perception and meaning of his *Künstlerische Handlungen* in 2003, he referred to mine workers, who "showed that they could understand very well what I was doing. They could liken it to their very peculiar perception of light as they come out of the darkness of the earth." ("Sie zeigten, dass sie das, was ich mache, sehr gut verstehen könnten. Man kann es vergleichen mit der Lichtwahrnehmung, die eine ganz eigenartige ist, wenn sie aus dem Dunkel der Erde kommen."), in Salwig, *Günther Uecker: Die Aktionen*, 116.

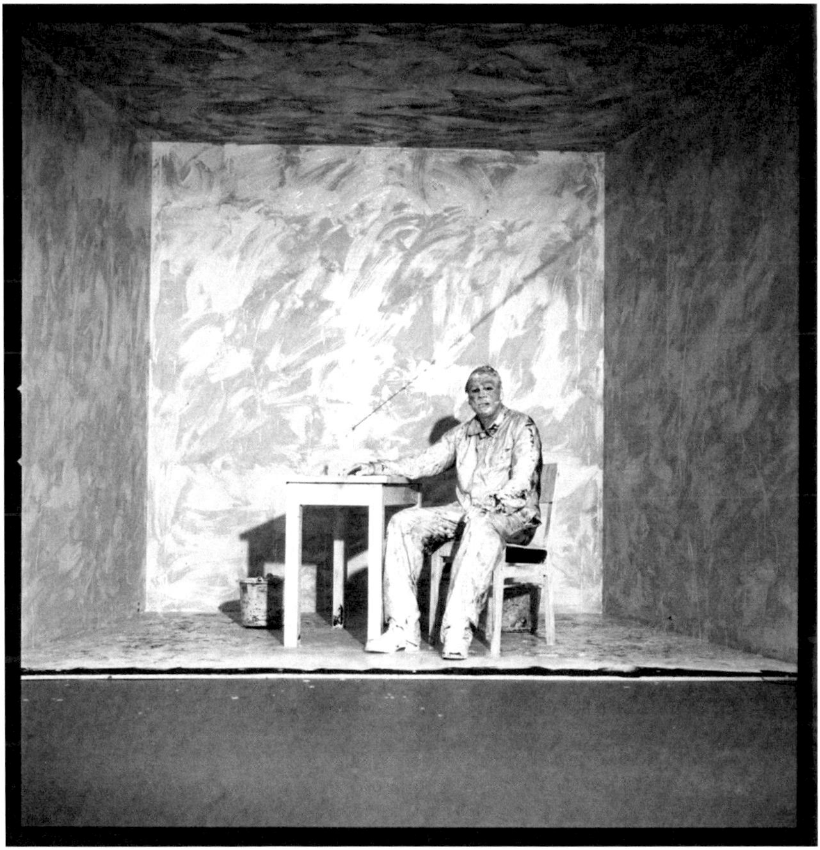

Zu den Autor*innen

Xiao Xiao, geb. 1983 in Chengdu (China), ist promovierte Kunstwissenschaftlerin und Kunstvermittlerin. Sie lebt und arbeitet in Düsseldorf. Xiao studierte Industriedesign an der Xihua University in Chengdu sowie Design und Designwissenschaft an der Hochschule für angewandte Wissenschaft und Kunst in Hildesheim. Darüber hinaus absolvierte sie an der Universität Hildesheim den Masterstudiengang Kulturvermittlung als Stipendiatin der Friedrich-Naumann-Stiftung für die Freiheit. Von 2016 bis 2022 promovierte sie an der Universität Hildesheim zum Thema „Philosophie und Künste Ostasiens im Werk von Günther Uecker". Aktuell arbeitet sie an einem Forschungsprojekt mit dem Titel „Begrifflichkeiten der ostasiatischen Ästhetik in der Nachkriegskunst". Das Günther Uecker Institut zeichnete Xiao Xiao mit dem Forschungsstipendium 2017 aus.

Antoon Melissen, geb. 1967 in Borne (Niederlande), ist freier Autor und Kurator. Mit einem Schwerpunkt auf der niederländischen Kunst der 1950er- bis 1970er-Jahre ist er international für Forschungsprojekte und Sammlungen tätig. Zu seinen veröffentlichten Monografien zählen *Armando* (2015), *Jan Schoonhoven* (2016) und *Jan Henderikse* (2010 und 2018). Seine Katalogbeiträge sind in Publikationen europäischer und amerikanischer Museen und Galerien erschienen – darunter die Peggy Guggenheim Collection in Venedig, das Solomon R. Guggenheim Museum New York, das Stedelijk Museum Amsterdam, die Daimler Art Collection in Stuttgart/Berlin, die ZERO foundation Düsseldorf, oder auch The New York Public Library. Derzeitiges Projekt von Melissen ist ein Werkverzeichnis von Jan Schoonhoven.

About the Authors

Xiao Xiao, born in Chengdu (China) in 1983, holds a doctorate in art history and is an art-mediator. She lives and works in Düsseldorf. She studied industrial design at Xihua University in Chengdu and design and design science at the University of Applied Sciences and Arts in Hildesheim. She also completed a master's program in cultural mediation at the University of Hildesheim as a scholarship holder of the Friedrich Naumann Foundation for Freedom. From 2016 to 2022, she completed her PhD at the University of Hildesheim on the topic of "Philosophy and the Arts of East Asia in the Work of Günther Uecker." She is currently working on a research project entitled "Conceptualities of East Asian Aesthetics in Postwar Art." The Günther Uecker Institute awarded Xiao Xiao with its Research Fellowship in 2017.

Antoon Melissen, born 1967 in Borne (Netherlands), is a freelance writer and curator. With a focus on Dutch art from the 1950s to the 1970s, he works internationally on research projects and collections. His published monographs include *Armando* (2015), *Jan Schoonhoven* (2016), and *Jan Henderikse* (2010 and 2018). Catalogue essays include publications on European and American museums and galleries, amongst others: Peggy Guggenheim Collection in Venice, the Solomon R. Guggenheim Museum New York, Stedelijk Museum Amsterdam, Daimler Art Collection in Stuttgart/Berlin, ZERO foundation Düsseldorf, and The New York Public Library. Currently Melissen is working on a catalogue raisonné of Jan Schoonhoven.

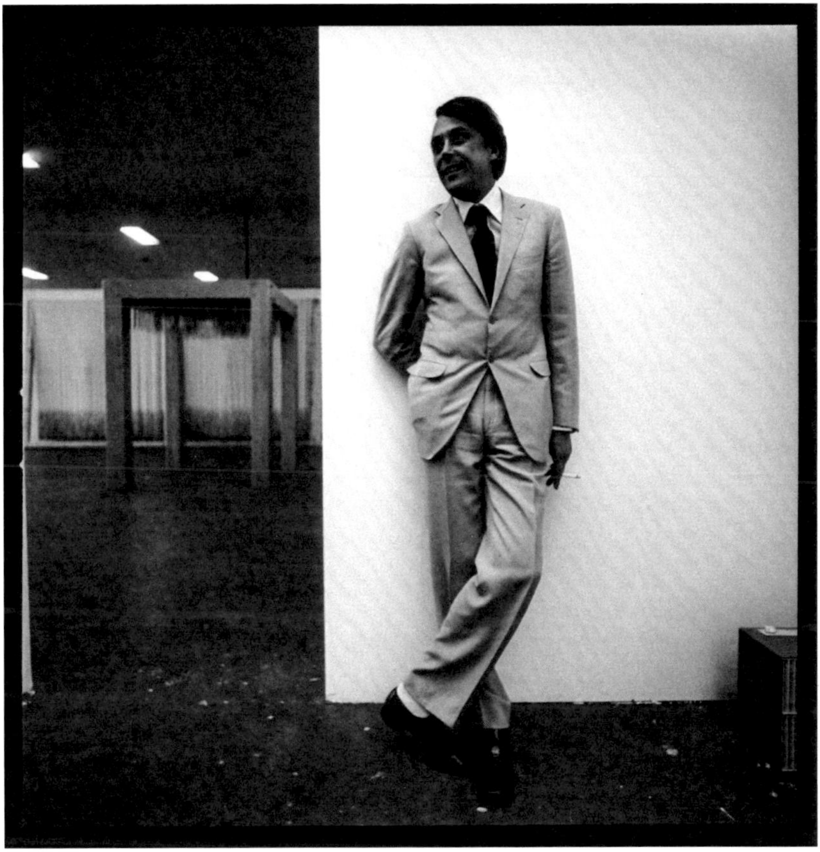

Impressum

Günther Ueckers künstlerische Handlungen. Eine interkulturelle Untersuchung anhand der daoistischen Begriffe *wuwei, ganying* und *ziran* | Günther Uecker's Artistic Actions: An Intercultural Analysis with the Daoist Terms *wuwei, ganying*, and *ziran*

Texte | Texts
Xiao Xiao (Essay)
Antoon Melissen (Kurzessay | Short essay)
Katharina Neuburger (Einführung | Introduction)

Die Publikation ist Teil der Schriftenreihe *Notizen zu Uecker* | This book is part of the publication series *Notizen zu Uecker*

Herausgeberin | Editor
Katharina Neuburger für | for
Günther Uecker Institut e.V.

Projektleitung | Project Manager
Antonia Gradnitzer

Lektorat | Text Editing
Christine Wölfle (Dt.)
Everett F. Mason (Engl.)

Übersetzung | Translation
Everett F. Mason, maison intertext (Dt.-Engl., Engl.-Dt.)
Pierre Bouvier (Nl.-Engl.)

Grafische Gestaltung | Graphic Design
Johanna Neuburger, logografisch

Bildnachweise | Image Credits
Lothar Wolleh

Druck | Printing
Bechtel Druck GmbH & Co. KG,
Ebersbach/Fils

Erschienen im | Published by
Deutscher Kunstverlag GmbH
Berlin München
Lützowstraße 33
10785 Berlin
www.deutscherkunstverlag.de
Ein Unternehmen der | Part of
Walter de Gruyter GmbH Berlin Boston
www.degruyter.com